AF395042

Art de Cheualerie.
Comprenant,
APRES VN ADVERTISSEMENT
NECESSAIRE, TOVCHANT L'E-
stat douloreux de la Chrestienté,
L'instruction de touts auantages & dexteritez ne-
cessaires a chascun Cheualier.
IAMAIS PVBLIE PAR CY DEVANT,
MAIS MAINTENANT POVR LE BIEN
des Cheualiers, & de la Noblesse, & touts
amateurs de la Milice.
Prattiqué, descript & representé auec figures.
Par
IEAN IAQVES DE Watthausen, principal Capitaine
des gardes, & Capitaine de Dantz.g. &c.
Auec grace & Priuilege Imperial.
Imprimé a Francfort Par PAVL Iaqves,
aux fraiz de Lucas Iennis.
L'AN M. DC. XVI.

AVX TRES-GENE-
REVX SEIGNEVRS
MESSEIGNEVRS:

PHILIPPE MAVRICE.
GVLIELME REINHARDT.
HENRI LOVYS.
FRIDERIC LOVYS. ET
IAQVES IEAN.

Contes de Hanau & Rieneck, Seigneurs de Munzte-
berg &c. Mes Tref-genereux & Tref-gra-
cieux Seigneurs.

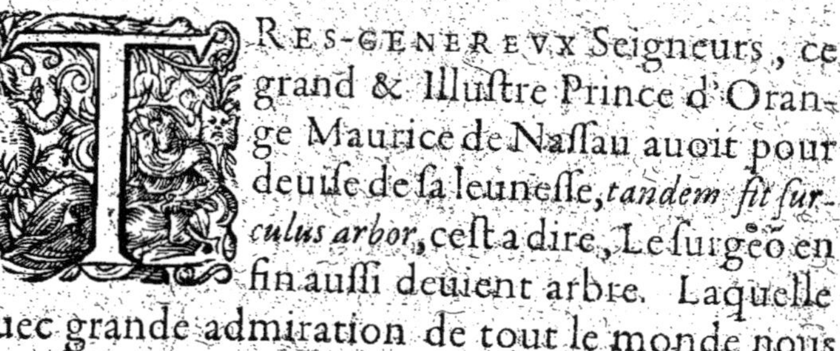

RES-GENEREVX Seigneurs, ce
grand & Illuſtre Prince d'Oran-
ge Maurice de Naſſau auoit pour
deuiſe de ſa ieuneſſe, *tandem fit ſur-*
culus arbor, ceſt a dire, Le ſurgeõ en
fin auſſi deuient arbre. Laquelle
auec grande admiration de tout le monde nous

(:) 2

voyons

DEDICATION.

voyons heureusement accomplie, en ce que ce grand Orangier estant couppé par l'effort & trahison de ses ennemis, les surgeons neantmoins, qui allors estoint encor bien petits & tendres, arrousez de la rosée benitte d'en hault, ont pris tel accroissement, qu'ils sont deuenus grans arbres, qui non seulement donnent vne ombre tresamiable a ceulx, qui se sont retirez soubs leur branches: mais aussi recreét de leurs fruits, & suaue odeur, ceulx qui en sont, par distance de lieu, aulcunement esloignez. Et ceulx qui les peuuent approcher de si pres, qu'ils en peuuent tirer quelques fueilles de leur verdure, s'estiment non seulement ornez comme des chappellets treshonnorables: mais aussi heureux, d'en pouuoir communiquer l'odeur, mesmes aux pais & nations estrágeres, comme on voyt en l'autheur de ceste noble art de Cheualerie, qui ayant longuement iouy de leur ombre, & entre aultres eu cest heur d'en cueillir quelques fueilles, c'est a dire, d'apprendre ce qui est de la milice, soubs l'Estendart & conduitte dudit Tres Illustre Prince Maurice, non seulemét s'en estime grandement honnoré, mais aussi heureux d'en communiquer l'odeur & aux Allemans, & aux François, faisant publier ce qu'il en á apris en ces deux langues. Or de cecy Tresgenereux

reux Seigneurs, vous auez non seulement vn exemple de l'excellence de la Vertu, & comment elle va tousiours montant en hault, Dieu y donnât
aussi sa benediction & accroissement, par dessus
l'occasion de vous resiouyr de l'honneur de ce
grand Orangier, de ce gran Prince d'Oranges vostre Oncle: mais aussi comme vn prognosticq de
vous mesmes: ascauoir que estans encor a present
des surgeons bien tédres, donnans toutesfois desia en ce tédre aage le suaue odeur de c'est Orágier,
vous ne fauldrez par la benediction du Souuerain, de croystre auec le temps en arbres fertiles,
tant pour la refection de vos subiects naturels,
que des estrangers, heureux de reposer soubs vostre ombre, & de gouster de vos tresamiables &
tresnobles fruits. Et comme c'est icy le veu non
seulement de vos subiets, mais aussi de plusieurs
aultres, voyre, comme il semble, que tous conspi-
rent en mesme desir de vos grandeurs: Ainsi aussi
quant a moy, estant sur le poinct de publier ceste
translation Françoise de la dite Art de Cheualerie,
sortie de l'Eschole militaire de Vostre Oncle ce
grand Prince de Nassau, me semblant ne pouuoir
estre dediée a aultre qu'a vos Tresgenereuses Graces, en tesmoignage de mesme affection, dont en
dcuë humilité & subiection je le leur dedie & con-

DEDICATION

sacré, auec espoir d'estre receueille d'icelles, en sorte qu'elle ne craigne la dent malicieuse des enuieux : Priant le Souuerain de leur donner l'accroissement desiré de tous, & les maintenir auec la TresIllustre Princesse Madame leur Mere en sa Sauuegarde. De Francofort ce 5. de Mars, L'an 1616.

Devos Tres-genereuses Graces.

Treshumble Seruiteur.

LVCAS IENNIS.

AV

AV LECTEVR ET
AMATEVR DE L'ART
DE CHEVALERIE.

AMY *Lecteur, il ne te fault trouuer estrange que j'ay intitulé ce traitté d'art de Cheualerie, estant le plus propre qui luy pouuoit estre donné. Or y à il deux sortes des Cheualiers, ascauoir Spirituels & corporels, qui tous deux ont leur origine & institution fort ancienne & bien haulte, ascauoir de ce grand Dieu des batailles, lequels comme oultre sa Cheualerie celeste, il á constitué son peuple pour Cheualiers, qui combattent le Royaulme du diable, leur baillant pour chef son propre fils : ainsi á il aussi ordonné Les Roys, Princes & Seigneurs, pour estre cheualiers corporels, ceints du glaiue, afin que comme vrays nourriciers de son Eglise, ils s'employent a la defense d'icelle contre tous les efforts des ennemis exterieurs, ascauoir du diable & de ses membres & supposts. Cependant il y fault & en l'vne & en l'aultre, grande industrie & dexterité acquise par vn exercice continuel & tresdiligent, secõdé toussiours des forces & benedictions d'enhault : Qui est la fin*

& but

& butte de ce present traitté, asçauoir d'en donner, au default, lequel nous voyons, en chose de si grande consequen-
ce, quelque instruction & adresse. Et quant au Spirituel,
comme on ne peult mieulx faire, que d'apprendre de Dieu
mesme en sa parolle: ainsi aussi quant au corporel, il n'y a
qui mieulx nous puisse enseigner & dresser, que celuy qui
s'y est longuement exercé. En quoy ie me suis employé de
tout mon pouuoir tant pour esueiller les Princes & Superieurs, a leur debuoir en ce poinct, asçauoir d'y exercer de-
uement leurs suiers, & principalement la ieunesse, pour s'en
pouuoir seruir en la necessité: que pour monstrer les choses
plus remarquables & necessaires a ceulx qui y seront employez, esperant que & l'vn & l'aultre sera receu de bonne
part, comme de moy il est proposé d'vne bône affection po-
ulsee d'vn seul desir, de seruir a tous en general & vn chascun en particulier, attendant le reste du Seigneur, lequel,
si on en vse comme il appartient, non point pour l'oppres-
sion des innocens, mais pour la defense de son Eglise, ne
fauldra d'y donner sa benediction: auquel aussi ie te re-
commande.

Faultez a Corriger.

Pag. 11. lin. 20. pour thatte lisez bette, pag. 33. lin. 21. pour le la, pag. 40. lin.
21. pour qu'on qu'ens, pag. 41. lin. 7. pour L'a C'a, Item lin. 14. pour loyalte
loyaulte pag. 46. lin. 25. pour Romaine Domaine, pag. 49. lin. 1. pour ve ce.

I.

INSTRVCTION DE LA NOBLE ART CHE-VALERIE.

E grand Docteur de campagne, & auteur graue de la milice flaue Vegece dit en son institution militaire liure 1. chap. 1. *Jn omni autem prælio, non tam multitudo & virtus indocta, quam Ars & Exercitum solent præstare victoriam. Nulla enim alia re videmus Pop. Romanum orbem subegisse terrarum, nisi armorum exercitio, disciplina castrorum vsque militiæ. Quid enim aduersus Gallorum multitudinem paucitas Romanorum valuisset? Quid aduersus Germanorum proceritatem, breuitas potuisset audere? Hispanos quidem non tantum numero, sed etiam viribus corporum, nostris præstitiße manisestum est. Aphrorum dolis atque astutiis semper impares fuimus. Græcorum artibus, prudentiaque nos vinci nemo vnquam dubitauit. Sed aduersus omnia, profuit*

A   Tyro-

Tyronem solertem eligere, ius (vt ita dixerim) armorum docere, quotidiano exercitio roborare, quæcunque euenire in acie atque in prælus possent, omnia in campestri meditatione prænoscere, seuere in desides vindicare. Scientia enim rei bellicæ dimicandi nutrit audaciam. Nemo facere metuit, ꝗ se bene didicisse confidit. Etenim in certamine bellorum, exercitata paucitas, ad victoriam promptior est: rudis & indocta multitudo exposita semper ad cædem. C'est a dire: La victoire est coustumierement obtenue, non tant par la multitude, & vne force indocte ou immoderée, que par l'art & exercice. Côme aussi l'on voit, que le peuple Romain s'est fait Maistre de tout cest vniuers, nô par aultre moyen, que cestuy-cy, asçauoir, l'exercice aux armes, la discipline militaire, & l'accoustumance aux guerres. Car quel pouuoit estre l'effect d'vn petit nombre des Romains, côtre vne si grâde multitude des Gaulois? Que feroit la petitesse des Romains contre la grandeur des Allemans. Il est certain que les Espagnols deuanceoint les nostres, non seulement en nombre, mais aussi en force de corps. Les Africains nous ont tousiours surpassez en ruses & finesses. Et il n'y a point de doubte que les Grecqs nous surmontent en arts & Prudence. Mais contre tous on a senty quel est l'auantage d'auoir le soldat bien dressé, & accort,

ensei-

enſeigné au droit vſage & maniement des armes,
conferme & roboré par l'exercice quotidien, aui-
ſé de ce qui pourroit ſuruenir ou au cap ou au có-
bat, & retenu par bóne & ſeuere diſcipline. Ioinct
que la cognoiſſance & intelligence de la milice
augmente le courage. Et perſonne n'a peur de
faire ce qu'il penſe auoir bien & deüemēt apprins.
Ioinct qu'au combat le petit nombre bien dreſſé
& conduit, eſt touſiours plus propre a la victoire,
& au contraire le grand nombre ſans ſcience &
conduitte, eſt ordinairement expoſé a la defaicte
& au carnage. en

Leſquelles paroles il monſtre par quels moyens les
Romains ont reduict tout le móde ſoubs leur obeiſſance,
combien que ſelon l'apparence ils eſtoint moindres tant
en forces, qu'en nombre, aux aultres nations, leſquelles
ils ont vainques & ſurmontées. Aſcauoir leur oppoſant
leur ſoldat bien inſtruict & dreſſé au maniement de ſes armes, qui eſtoit le commencement & l'Alphabet de ſon
eſchole, apres lequel il s'exerçoit en toutes ſortes des
mouuements de ſon corps ainſi armé, premeditant toutes
les occurrences qui ſe pourroint preſenter, tant au camp
qu'en la bataille, pour y pouuoir obuier a ſon auantage.

Ioſephe auſſi leur rend le meſme teſmoignage, di-
ſant, qu'il eſt tout certain que les Romains ſont
paruenus a telle grandeur, non point par la fortune, mais par vn diligent & continuel exercice des
armes, & de la diſcipline militaire. Car dit il, quel

A 2

eſtoit

estoit leur exercice & occupation quotidienne,
sinon des fauls combats & alarmes, ausquelles ils
estoint si accoustumez, que mesmes les plus sang-
tas batailles ne leur estoint que jeux & passe téps?
Et dit tresbien le susdit Vegece, qu'ils accoustumoint leurs Tyrons, a tousiours mediter, tout ce qui leur pourroit
suruenir soit en batailles, ou assaults, ou en aultres occurrences, pour y pouuoir obuier & remedier prôpte-
ment & sans desordre. *Quæcunque (dit il) euenire in
acie atque in prælus possent, omnia in campestri meditatione prænoscere.*   O nobles Romains si quelqu' vn de
vous se rencontroit pour le present en nostre milice, pour
veoir quelles sont nos meditations & exercices, qu'en di-
riez vous? Certes j'en suis aseuré que vous n'vseriez d'
aultres termes que de ceulx cy: *Quo degenerauit in ho-
minibus, Martius ille calor? Vbi sunt terræ istæ, quæ La-
cedæmonios, quæ Athenienses, quæ Marsos, quæ Samnites, quæ Pelignos, quæ ipsos progenuere Romanos? Plane recordatio euanuit Epirotarum, Macedonum, Thes-
salorum, Dacorum, Medorum, Thracum. Quæ securi-
tas pacis hæc? Quæ delectatio otij? Quæ segnities & igna-
uia militum ista? Quæ peruersitas seculi? Jmo plane nulla vestigia disciplinæ Romanæ video.* C'est a dire: Comment s'est refroidi ceste challeur Martiale? Ou
sont ces terres qui produisoint des Lacedęmoni-
ens, des Atheniens des Marses, des Samnites, des
Pelings, voire les Romains mesmes? Toute la me-

moyre

moyre de Epirots des Macedoniens, des Theſſa-
liens, des Dacs, des Medes, des Thraces, s'eſt eſua-
nouye. Et quelle ſeurté de paix? qu'el ayſe & delectation de l'oyſiuete. Quelle pareſſe & laſcheté
des ſoldats? Et quelle peruerſité de ce ſiecle? Ie n'
y vois aulcun veſtige de diſcipline Romaine. Et
penſez vous que ce ſeroit atort, qu'il ſe complaindroit en
telle ſorte? Certes c'eſt vne choſe bien deplorable, qu'vn
Payen nous peult faire tel reproche; a nous diſ-ie, qui
auions trop grande raiſon de nous encercher du maniement des armes, & de tout ce qui eſt de la milice, y eſtant
meſme poulſez, eſueillez & contrainéts par les ennemis.
Les Romains certes ont eſté ſi diligens a l'eſtude des armes non poinét a la defenſion, mais ſeulement a l'offen-
ſion, pour s'en ſeruir au domage des aultres Nations, &
ruine de leurs polices. Mais quant a nous, Chreſtiens,
nous auons plus grande raiſon de nous y exercer auec
plus grande diligence pour noſtre defenſion, a laquelle
nous ſommes forcez. Car ie vous prie, n'eſt ce pas le debuoir de chaſcun Chreſtien & fidelle, de venger l'honneur & nom de ſon Dieu, de tous blaſphemes? & fur ce
auec hazad de ſon corps & de ſa vie? De maintenir & fa-
ciliter le cours de ſa ſainéte parolle, & auancer ſelon ſon
pouuoir le royaulme d'iceluy? Et que diray ie de ceſte
loy naturelle *vim vi repellere licet*, de repoulſer force par
force? Contre ceulx qui oultre ce que par force taſchent
& d'abolir le nom & la parole de Dieu, en vueillent nos
corps & vies, femmes enfants, & tout ce que nous auons
pour nous en priuer? Ne ſeroit il temps de nous preparer a la reſiſtence? Voyre tant plus que nous voyons que

A 3   le dia-

6   *Instruction de la*

le diable s'employe auec ses instrumēts a oppresser l'Eglise de Dieu, tant plus fault il penser a la defence & manu-
tension d'icelle.

　　　Mais icy me pourroit on repliquer : C'est Dieu qui
bataille pour les siens: qui gouuerne, conduit & guaran-
tit son Eglise sans guerres, glaiues, & effusion de sang. Et
n'a donné aulcun commandement, ne permission aux fideles, de se messer des guerres & batailles sanglantes
pour s'en defendre. Mais pour responce: Il est tresasseu-
ré, que le Seigneur tresclement & bening veille & bataille
pour son peuple & heritage: mais comment? Par moyens:
& par tels moyens, qu'il s'est seruy aussi au Vieil Testament. Et s'il n'y a commandement expres au Nouueau
Testament de mener guerres, c'est pource, que Dieu en
ces derniers temps ne veult propager sa parolle, son
Euangile & Royaulme, par force d'armes, & ruine violente des peuples payens & idolatres, comme il a fait en l'ancien ains par la force & efficace de son Esprit. Cependant,
combien que l'offension soit defendue au Nouueau Testament, la defension toutesfois ne luy est contraire, & se
peult on bien opposer a l'ennemy, qui ne cerche que l'op-
pression de l'honneur & de la gloire de Dieu, de empescher le coeurs de sa saincte parolle, & de nous priuer auec
tous les biens exterieurs, aussi du repos & salut de nos a-
mes. Certes en telle occasion, il n'est defendu de repoul-
ser force par force, & de se mettre a la defence, pour estre
guarantis. C'est des guerres non necessaires & effusion
de sang sans tressiustes occasions, qu'il fault entendre semblables inhibitions, & non d'vne defension necessaire, &
licite en telles occurrences. Et c'est vne chose tresslouable
de quelques Princes & Potentats, qui font instruire leur
ieunesse au fait & maniement des armes, comme ils de-
　　　　　　　　　　　　　　　　　　　　　　buoint

buoint non seulement faire quant a ceulx qui sont deſia
hommes, mais auſſi enuers la tendre ieuneſſe, pour l'abre-
uer meſme es eſcholes, auec les aultres arts & ſciences de
l'art & diſcipline militaire. Choſe qui debuoit bien eſtre
notée & prattiquée en ce temps en toutes eſcholes & A-
cademies, comme l'vne (apres la predication de la Parolle de Dieu) des plus neceſſaires, par ces trois raiſons ſui-
uantes,

La premiere, La Neceſſité.

La ſeconde, L'vtilité.

La Troiſieſme, L'honeſteté.

Quant a la premiere de la Neceſſité, Auroit elle
bien iamais eſté plus grande qu'a preſent, entre tant des
mouuemens & alterations des guerres, qu'on oyt de tous
coſtez? Et pour ne dire mot des grandes oppreſſions &
angoiſſes de pluſieurs milliers de nos freres & ſeurs ſoubs
les Tyrannies de Turqs, Tartares, & aultres Barbares, ennemis du nom & ſang Chreſtien, en l'Hógrie ſuperieure
& inferieure, en la Tranſyluanie, Walachie & aultres prouinces ſemblables : oppreſſions certes bien lamentables,
deſquelles toutesfois nous, qui nous perſuadens en eſtre
aſſez eſloignez, auons peu de reſentiment : auec quelle
honte & confuſion, a l'on ſupporté iuſques a preſent les
efforts & impreſſions du Turq, attendant voyre permet-
tant, que deuant nos yeulx il emporte l'vne Prouince,
l'vn Royaulme, l'vne fortereſſe, chaſteau, ville apres
l'aultre? Combien des centaines y a il d'annees que ce Barbare trauaille la Chreſtienté a ſon plaiſir, & ſans reſiſtence
fructueuſe: Regardez ſi ce n'eſt pource, que nous ne ſommes aultant curieulx de la diſcipline militaire, que les ennemis & Barbares.

Par

Par quel moyen est ce, qu'Otthoman, le premier Chef & Regent des Turqs, s'est asubietty au commencement la meillieure partie de l'Asie & Bythinie? Commēt, son fils Orchanes y adiouttá au conquestes de son Pere la petite Asie & l'aultre moytié de la Pythinie? Comment Amurathes poursuiuātſles victoires de son pere & gran pere y adioignit la Bulgarie, seruie, & toutes deux les Moesies? Comment y adioutta, ou pour le moins saccagea Baiazet la Bosne, Croace, l'Illyrie, Chaonie, & l'Epyre auec Walachie, voyre quasi toute la Grece & Thrace les faisant plier soubs son joug?

Par quelle fortune est ce que Cyriſceleb, fils de Baiazet, a r'acquis de Tamerlan, (qui ayant vaincu & pris le dit Baiazet son pere, la enferré en vne cage, & trainé en spectacle & triumphe par le monde) les seigneuries & villes qu'il luy auoit ostees?

Par quel moyen est ce que Mahomet, & appres luy, son fils Amurath II. ont si longuemēt sustenu leur seigneurie? meſmes les villes & places ostees a la Seigneurie de Venize, & aultres en la seruie, Walachie & Sclauonie?

Par quell moyen est ce que Mahomet, fils du dit Amurath II. s'est fait maistre des seigneuries de Byzance & Trapezont, & des principales villes de la Grece, aſcauoir de Constantinople, Corinth, Athenes, voyre du Peloponnese, de l'Albanie, Eubœe, & de toute l'Acarnanie?

Comment est ce que Baiazeth II. Selyme son successeur, Solyman, & Selyme II. ont estendu leur puissance par la Walachie, la Pannonie Inferieure & superieure, iusques aux portes de Vienne en Austriche? Voyre par quel moyen est ce qu'encor pour ce iour present le Turq retient les plus belles, riches & fleurissantes prouinces de l'Europe soubs sa tyrannie? Comment est-ce que de peu
de temps

de temps en ça il s'est emparé sur l'Empire Romain de la
Transiluanie? Non pas par aultre que par la bonne
adresse de ses soldats, & prattique diligente & serieuse de la discipline militaire. Ne seroit donc-
ques pas aussi necessaire, voyre plus que necessaire, que les Chrestiens s'addonnassent vne fois a
penser aux moyens de luy faire teste, & luy resister
par les mesmes moyës, ascauoir par vne diligente
recerche & exercice de l'art & discipline militaire?
Quant au Turq, il peult bien dire auec le Romain
Vegece. *Nulla alia re orbem Christianum subegi, nisi
armorum exercitio, disciplina castrorum, vsuque militiæ.
Quid enim aduersus tot prouincias, gentes fortissimas,
Imperia, imo tam validam Monarchiam Christianorum,
& Romani Imperii, penè totius orbis terrarum, tam paruæ
copiæ hominum & militum meorum ausæ fuissent? nisi a-
nimus meus iste militaris, calor Martius, & bona disciplina militaris me corroborassent.* C'est a dire: Ie m'ay
subietty toute la Chrestienté, non pas par aultre
moyen, que l'exercice des armes & la discipline
dicelle. Car qu'est ce qu'vne poignée de mes soldats eussent peu faire contre tant de Prouinces,
des peuples tresforts, & puissants Empires, voyre
contre vne si puissante Monarchie des Chrestiens
& de l'Empire Romain, qui s'estend quasi par tout
le monde? Si ce n'eut esté ce mien Esprit militaire

ceſte chaleur Martiale, & bonne diſcipline, qui
m'ont renforcé.

Et de faiſt, tous ceulx qui ont quelque cognoiſſance
de la diſcipline Turquesque m'accorderont cecy, aſcauoir
qu'il n'y a ne lieu ne peuple, entre lequel elle ſoit plus eſti-
mée, & rigoureuſement obſeruée, meſme des la ieuneſſe,
qu'entre ces Barbares. Et pour en dire ſeulement quelque choſe. Premierment ils prennét tous les enfans maſ-
les, tant des amis que des ennemis, cognus, incognus, voyre leurs propres enfans, nobles, ignobles, & de quelçóque
eſtat ou condition, & tous ceulx qu'ils peuuent auoir (&
ſont pour ceſt effeſt ſingulierement deſireux des enfans
des Chreſtiens, s'ils les peuuent attrapper) ayants paſſé
les ſept, huiſt, ou neuf ans, pour le plus, leſquels ils mettent ou logét chez les gés de village ou aultres laboureurs,
les faiſant trauailler a force, pour les y accouſtumer par
quelque eſpace de temps, aſcauoir de ſept, huiſt ou pluſieurs ans, ſelon l'aage auquel ils y ont faiſt le commencement, afin que ſortans de là, ils ayent dix ſept, dix huiſt, ou
dix neuf ans; Et ne fault penſer que ce ſoit pour neant,
que le villageois le prend a ſon ſeruice: il y fault payer vn,
deux, trois, ou quatre ducats pour le plus par an. Celuy
donc qui y veult mettre ſon garçon, fait marché auec ſon
homme, & du temps & du pris; lequel accordé, il en fait
faire vn eſcript, auquel entre aultres ſont mentionnees
les marques, des lineaments de la face des cheueulx & leur
couleur, ou de quelque aultre marque en ſon corps, dont
il pourroit eſtre recognu. Lequel eſcript eſt de telle teneur, que le villageois confeſſe auoir receu d'vn tel N. vn
garçon nommé N. de tel aage, ayant les cheueulx de telle
couleur, les yeulx vne telle marque en tel endroit de ſon
corps, (& leur font ordinairement, & principalement aux
enfans

enfans rauis des Chrestiens vne marque particuliere, en
la main, ou en aultre lieu, selon la coustume ancienne
des Romains & aultres peuples enuers leurs esclaues.)
Lequel il promet d'entretenir comme son propre enfant,
recebuant en recompense vne telle somme d'argent pour
aultant d'annees : Lesquelles expirees, il le restituera a
son dit Seig : &c. Ainsi mettent ils leurs enfans mesmes,
non seulement chez les villageois aux villages, mais aussi
es villes deuers les artisans pour apprendre les mestiers,
desquels on se peult seruir en la guerre.

  Le contract ainsi conclu & passé, on voit le garçon
trotter apres son nouueau pere, mais chez lequel il a peu
des mignardises ; se trouuant esloigné de ses amis & parens, en vne vraye & piteuse carnificine. Car pour raccompter tous les labeurs & miseres, de faim, de soif, des
grans trauaulx, esquels il passe l'esté & l'hyuer, en chaleur
& froid, pluyes, tempestes, & gellees, sans aulcun, ou bien
peu, de repos, ce seroit vne histoire trop longue, plus
piteuse que croyable. Car tout le temps qu'il est auec ce
nouueau pere ou plustost bourreau, il n'y a haste plus miserable, & pis traictée, que ce pauure nouueau fils, &
principalemét s'il est raui des Chrestiens, & de race Chre-
stienne.

  Or estant paruenu a l'aage de dixsept, dix huict, ou
dix neuf ans, & bien exercé tout ce temps a pacience,
n'ayant reposé que deux ou trois heures de nuict, sur la dure, apres mill & mill trauaulx dessus dits, il est r'appellé a
la maison, bien peult il dire d'vne miserable prison & seruitude, qui n'est aulcunement a comparer a celle des mal-
faicteurs & forçats, qui sont aux galleres : non poinct a
grans soulagements, mais a toutes sortes des labeurs domestiques, de lauer, cuisiner, cuire le pain, brasser, nettoy-

er l'estable, soigner des cheuaulx, & aultres semblables
passe temps : entre lesquels il se fault appliquer a plusieurs
& diuers mestiers pour la guerre, ioint qu'il fault aussi
qu'il s'exerce au maniement des armes, monstrant en
toutes ces occupations la capacité de son esprit, & la pacience estudiée chez son villageois. Le maistre ou le pere
mesme y ayant tousiours l'œil ouuert, pour cognoistre a
quelle chose il sera le plus propre. Et quant aux enfans
rauis des Chrestiens, ils les appliquent le plus souuent aux
armes, les tenãt pour plus dociles & ingenieux, que ceulx
de leur propre nation.

Apres l'auoir ainsi esprouué, & la trouuant idione
aux armes, on le met chez vn de meilleurs soldats, lequel
il suit & sert en la guerre: Il a le soing du cheual de son maistre, il est son cuisinier, & s'applique a tous aultres labeurs,
commençant de recebuoir, pour prendre courage, quelque petite solde, scauoir d'vn ducat, ou enuiron, par
mois, s'auançant tousiours de plus en plus, contrainct cependant de se trouuer aussi bien que les aultres soldats es
gardes & es combats, & s'y comportant braue & coura-
geusement, où luy accroist la susditte solde, voyre iusques
a l'afranchir de la seruitude & l'auancer a aultres charges
& offices d'honneur selon son merite.

Et tels sont les principes & commencements ordi-
naires de la discipline militaire entre les Turqs, esquels ils
exercent leur ieunesse & leurs tyrons, tendans a ce bout,
de les endurer & accoustumer aux labeurs & a pacience.

Dressez donques qu'ils sont en la sorte & maniere
susditte: c'est vne chose quasi admirable de la seuerité &
bonté de leur discipline, exercée en general sur tous, sans
y espargner personne, quand il est question de marcher
con-

contre l'ennemy. Et principalement y prennent ils garde
a ces trois poincts.

I.   *Delectus militum,* L'eslitte & chois des soldats.

II.   *Armorum exercitium, vsusque militiæ* L'exercice
des armes & vsages de la milice.

III.   *Virtus & obedientia militum,* La vertu & obeissance des soldats.

Et quant au premier de L'eslitte des soldats,
Tu y verrois vne grande dexterité & prudence, selon laquelle ils ayment mieulx choisir vn soldat naturel, que de
louer ou achepter vn estrangier a force de solde : Enten-
dans mieulx que (helas) les Chrestiens quelle difference
il y a entre le naturel & l'estrangier: & que le naturel, amateur de sa patrie est prompt pour hazarder & corps & vie
a la defence, voyre s'estime heureux se sacrifiant pour icelle. Ioinct qu'aussi il est plus amateur de l'honneur de son
Chef, & volontaire en l'obeissance d'iceluy, voyre de recebuoir les commandements auec reuerence, & les effectuer auec vne prompte aleigresse, taschant d'estre trouué
loyal & fidele soldat, soit au combat ou en aultres occurrences, & mesme des plus dangereuses. Craignant plus
son Chef que son ennemy ; auec le courage d'employer
tout ce qu'il a, & corps & vie a son seruice; attaquant l'ennemy auec vn courage vrayement leonin, & gardant
tousiours sa place & son rang en batailles & escarmouches, & plustost que de monstrer le dos a l'ennemy, mour-
ront en leur place, la couurant de son propre corps.

Quant au second de l'exercice des armes & v-
sages ou accoustumance a la milice : C'est vne chose non moins admirable que la precedente, en quelle dili-
B 3   gence

gence on s'y exerce au maniement: l'vn de la lance, l'aultre de l'arc, le troisiesme de la simeterre pallaiche & pulican, le quatriesme de l'arquebus, pour en tirer promptement, en somme de toutes sortes d'armes. Et principalement pour le present ils mettent grande peine sur l'intelligence de l'artillerie, comme aussi c'est de la qu'ils ont des si bons artilliers, ingenieurs des feux artificiels: & toutes les aultres munitions de guerre, en si bon & meilleur ordre & disposicion, que les Chrestiens.

La on ne voit que le soldat est enseigné au maniement de ses armes, quand il est question d'aller cercher l'ennemy, & de marcher en campagne, comme aussi il n'est de besoing: car il scait desia au parauant tout ce qu'il doibt faire, ayant appris a la maison, comment il chargera son ennemy en la bataille.

Quant au troisiesme de la vertu & obeissance des soldats. Elle y est obseruée auec grand zele & diligence. En la leuée & es monstres d'iceulx, il y a bien aultres coustumes qu'entre nous. La on ne scait rien de toutes ces debauches d'yurognes, comme par deça. Au marcher, encor qu'ils auroint desia cheminé plusieurs lieues: osteroint ils au villageois son cheual, bœuf, brebis, poulles, oison, ou quelque aultre chose de ses accoustremêts? Certes ils en ont garde. Et semble qu'ils obseruent en cecy l'ordre de ce grand Empereur des Romains Aurelian, qui escriuant a Flaue Vopisque, quelle discipline il vouloit auoir obseruée en son camp, dit: Si tu veux estre estimé homme de guerre & amateur de bonne discipline tu enseigneras tes soldats, de retenir leurs mains, en sorte que nul ne derobbe la poulle au villageois

geois, nul ne touſche a la brebis, nul ne eſtende ſa main aux vignes, pour en arracher vne ſeule grappe: que le froment ne ſoit foulé ou endommagé: qu'il ne demande ne burre, ne graiſſe, ne ſel, ne huyle, ne bois auſſi de perſonne, ſe contentant de ſa ſolde. Qu'il viue de la proye acquiſe ſur l'ennemy, & non des larmes de l'amy. Qu'il ayt ſes armes bonnes, nettes & bien polies, bons ſouliers, bons accouſtrements. Qu'il garde ſa ſolde en ſa robbe & en ſa bourſe, & non en ſa gorge. Qu'il ſe comporte en telle ſorte contre l'ennemy, qu'il en ſoit honnoré apres: Qu'il aye bon ſoing de ſon cheual: Qu'il ne vende la beſte ou iument butinée ſur l'ennemy. Qu'il craigne ſon chef & capitaine. Qu'il ſerue & obeiſſe a ſon compagnõ, comme s'il eſtoit ſon ſeruiteur &c.

En marchant en campagne, tu ne trouueras entre tant des milliers, voyre entre plus de cent mil hommes vne ſeule femme: là ou nos camps & armees ſont ſuiuies & chargees de tant des milliers des putains. Iamais on ne verra en leur armees & guerres tant des vierges & femmes forcees & violees, iurements, blaſphemes, yurogneries, rapines, deſbats & combats, ſaccagements, feux, comme on voit es armees Chreſtiennes, eſquelles on s'en vante encor.

Ils ſont, pour dire en vn mot, grans obſeruateurs de ces trois poincts:

I.   Velle, vouloir.

II. Vere-

II. Vereri, Reuerer & craindre.

III. Obedire, obeir.

Voyre il y a telle diſcipline entre eulx, que combien qu'ils marchent en grand nombre, & en grandes armees, ſi eſt-ce, que partout leur voyage il n'y aura ne bourgeois ne villageois, qui ſe pourroit plaindre d'vn ſeul poil, qui luy fut endommagé. Comme auſſi ils n'ont aulcune peur, quand les ſoldats paſſent par leurs quartiers, ſachants qu'ils y ont non pas des ennemis & deſtructeurs, mais des amis & defenſeurs.

Il ſeroit bien a deſirer & ſouhaiter, qu'il y eut telle diſcipline entre les Chreſtiens : mais il n'eſt que trop deplorable, que ces nations Barbares nous y deuancent. Et voyants que le Turq, & aultres telles nations, ſe trouuent ſi bien auec bonne diſcipline, pourquoy y ſommes nous ſi nonchaillants & endormis ? Ne la pourrions nous pas auſſi bien maintenir que ces Barbares ? Certes ouy, & beaucoup mieulx : mais c'eſt noſtre nonchaillance & pareſſe qui nous y empeſche. Et de quoy eſt-ce que nous nous pourrions faire eſperáce, pour couurir vne mal-heureuſe & deteſtable negligence ? Sera ce, peult eſtre, l'humanité de l'ennemy, qui nous trouuant ſi ſimples, ſerá eſmeü a compaſſion, de ne nous traicter ſi rude & cruellement ? Certes il n'y a apparence. Car il n'y a beſte plus dangereuſe & cruelle que le Turq, qui comme il reiette la foy Chreſtienne, ainſi eſt reſolu de raſer entierement tous ceulx, qui en font profeſſion : & pour c'eſt effect, il ne regarde ne loyaulté, ne foy, ne promeſſe, ne tendant a aultre bout que de s'aſſouyr & eſtancher la ſoif inſatiable qu'il a du ſang Chreſtien. Et de fait, ſi le ſang qu'il á, auec vne eſpouuantable cruaulté, reſpandu, depuis trois cens annees en çà ſe congregeoit enſemble : on y trouueroit non

pas

Pas vn ruiſſeau ou fleuue, mais vne mer nauigeable aux
plus grans vaiſſeaux. N'a il pas meurdry & maſſacré tous
les Chreſtiens de l'Aſie & Afrique, comme des brebis?
Ne leur a il pas oſté tous leurs royaulmes & Seigneuries,
les aſſuiectiſſant ſoubs ſon ioug? N'a il point deſtruit de-
moly & ſaccagé toutes leur villes & forterreſſes? Ne voyós
nous pas encor pour le preſent la deplorable miſere de noſtre temps, qui eſt plus grande, qu'elle ne fut iamais? Car
nous auons le Turq non plus ſi eſloigné, qu'eſt la Grece &
ſes confins: mais en l'Allemaigne meſme. N'a il pas fait
plier toute la Tranſiluanie ſoubs ſon eſtendard? Ne commencé il pas a nicher peu a peu en la Styrie, Croace, &
lieux & territoires voiſins? N'a il pas toute la Pannonie
inferieure, & la plus part de la ſuperieure, ſoubs ſa puiſſance? Certes le ſilence & le diſſimuler des Princes & Seigneurs Chreſtiens, eſt non ſeulement admirable, mais bien
deplorable, & principalement de ceſte derniere calamité
ſuruenue a la Tranſiluanie ſa cedant, a la Volonté & domaine du Turq, auec tant des milliers des Chreſtiens, &
fideles vaſaulx & ſubiets de la Maieſté Imperiale: ſans au-
cune conſideration, de ce qu'a l'aduenir le couſteau nous
ſera pareillement mis ſur la gorge, la ditte Tranſiluanie eſtant le propugnacle principal de la Chreſtienté.
Comme tous ceulx qui conſidereront quelque peu les
guerres paſſes, trouueront pour effect qu'elle a eſté comme vne puiſſante retenue, de tous les efforts du Turq.

Qu'on conſidere les grans trauaulx & frais, tant des
remonſtrance de la Maieſté Imperiale & d'aultres Seigneurs & princes Chreſtiens, pour attirer la ditte Tranſiluanie a leur party, prouenantes d'vne ſage prudente pon-
deration de l'vtilité & defence, que toute la Chreſtienté
en receuoit. Comme auſſi pour mõſtrer de quelle im-

portance elle nous estoit, il y fauldroit vn gran volume.
Mais la chose est assez cognue.

Combien volontiers luy eut la Maieste Imperiale
arraché ce morceau de la gueule, ou pour le moins empesche, qu'il ne l'eut engloutty si auant. Mais qu'est ce qui
l'en a retenu ou empesche. Certes non pas faulte de bonne volonté courage, & bonne resolution du Chef: mais
la langueur des aultres membres. Car le Chef au corps
humain proposant auec bon conseil & resolution quelque
chose, il fault que les mains & pieds y soyent aussi prompts
a l'execution. Et si les membres faillent a leur debuoir,
craingnans ou le labeur ou le danger, le Chef a part soy, a
bon droit en est excusé. Ainsi en est il aussi en cest affaire. La cause n'en peult estre imputée au Chef, mais bien
aux membres trop lasches & tardifs, d'exploitter ce qui
estoit de leur debuoir. Et auroit beau a dire a vn pere de
famille destitué de l'vsage de ses membres: tu administres
mal ta maison, tout va a rebours, tu n'es bon mesnager, tu
ne gardes pas bien ta maison, tu y laisses trop auancer le
larron, tu n'es assez vigilant, tu debuois estre plus sur tes
gardes, &c. Cependant le reproche du dommage ne se
fait iustement au Chef, ains aus aultres membres, defail-
lans a l'execution, de ce qu'apres meure deliberation &
bon conseil leur estoit proposé & commis. Car quel
profit en a le pere de famille s'il veille, & voyant ou
ayāt les efforts du larró, crye a ses domestiques, ou
membres, sus sus pieds & iambes, emportez les
mains a la resistence, pour supposer au larron: sus
sus mains mettez vous a la besoigne, empoignez
les armes ou aultres choses necessaires a cest affaire: &

dit ainſi : I'ay en deteſtation l'orgueil de Iacob, &
ay en haine ſes palais : Pourtant liureray-ie la ville & tout ce qu'eſt en icelle. Et s'il aduient qu'il
y ayt dix hómes de reſte en vne maiſon, ils mour-
ront. Et l'oncle de par pere ou de par mere
prendra chaſcun d'eux, pour en mettre les os hors
de la maiſon : & dira a ceulx qui ſont au fond de
la maiſon, y en a il encor quelqu'vn auec toy ? &
il reſpondra, c'en eſt la fin. Puis dira : tay toy :
car auſſi bien ils n'euſſent point fait commemo-
ration du nom de L'ETERNEL. Car voyci
L'ETERNEL commande, & frappera les grandes maiſons par decoulemens d'eaux, & les petites maiſons par fentes. Les cheuaulx courront
ils par les rochers ? ou y labourera on auec des
boeufs ? que vous ayez changé le droict en fiel, &
le fruict de iuſtice en aluine. Vous qui vous re-
iouyſſez en choſes de neant, & dites, ne nous ſommes nous pas acquis des cornes par noſtre force ?
Mais o maiſon d'Iſrael, voyci j'eſleueray contre
vous vne nation dit L'ETERNEL DES AR-
MEES, laquelle vous oppreſſera depuis l'entrée
de Hemath, iuſques au torrent du deſert.

  Mais qui ſont ces ſuperbes ou ayſez de Sion ? Ce ſont
ces Seig. & Potentats en Sion, qui eſt l'Egliſe de Dieu. Ce
ſont donc ceulx qui eſtants a leur ayſe, ne ſoucient qu'elle
eſt oppreſſée, voyre eulx meſmes l'oppreſſent. Et vous

qui vous confiez en la montaigne de Samarie. Qui ſont
ceulx la? Ce ſont ces aſſeurez qui ſe perſuadent, qu'ayant
des forces eſtrangeres a leur ſecours & ayde, il n'y aurá
poinct de danger pour eulx. Et la montaigne de Samarie,
ſont ceulx qui ſe vantét eſtre les principaulx entre toutes
les aultres nations, les plus forts & puiſſants, qui n'ont
peur de perſonne, & ne redoubtent ou craignent aulcune force ennemie: voyre auſſi ſe vantent eſtre du peuple
de Dieu, ſe fourrants en ſon temple, & ſont toutesfois de
Samarie, c'eſt a dire eſtrangers & ennemis d'iceluy. Mais
comment eſt ce donques que les ayſez ou ſuperbes de Sion
s'y fient? C'eſt par les alliances qu'ils font enſemble de ſe
ſecourir les vns les aultres es neceſſitez occurrantes.
Paſſez dit il plus auant, Iuſques en Calne & regardez, & vous en allez dela en Hamath la grande,
& plus deſcendez en Gath des Philiſthins. Comme s'il vouloit dire a nous: Allez vous ayſez du Nouueau
Teſtament vous Chreſtiens & regardez, ou eſt la terre de
Canaan, ou eſt Ægypte, Aſie, Bythinie, Bulgarie, Seruie,
Mœſie, Boſne, l'Illyrie, Chaonie, Epyre, Walachie, Grece, Thrace, Sclauonie, Macedonie, Theſſalie. L'Empire
de Trapezont, Byſance? Ou & ſoubs quel domine ſont
les plus fleuriſſantes villes du monde, Conſtantinople,
Corinthe, Athenes? ſoubs qu'elle puiſſance eſt le Pelo-
poneſe, l'Albanie, l'Euboea, l'Acarnanie? Qui a Merho-
ne, & Coronee, Naupact & Dyrrache? Qui eſt le Seigneur
de Dacie, Pannonie, Croace & Tranſiluanie? Qui toutes enſemble eſtoient plus excellēts que ces Royaumes cy.

Vous qui reculez le iour de calamité. Voy-
rement nous perſuadons que ſommes encor loing

re: & cependant & mains & pieds ne font leur debuoir.

Mais on pourroit bien demander, pour quoy c'est
que ces membres se monstrent si defaillants au Chef, pour
s'opposer au larron? Car la chose semble trop absurde. Et
le bon pere de famille voyant le dessein du larron, sans
beaucoup crier, seroit bien tost en pied, & empoignant les
armes plus proches luy fera resistence. Dou vient donc
qu'icy la teste ou le Chef voyant le larron qui perce, ne peult auoir ne pieds ne mains a son secours? Pour toute responce & en vn mot pour bon entendeur. Les pieds &
mains qui icy debuoint monstrer leur debuoir,
sont du tout endormis, podagriques & paralitiques, lassees ou roidies de lassitude.

Car comme en vn corps humain, les mains ou les
pieds estant estourdies ou comme on le dit endormies,
ou les iambes & bras goutteux, ou paralytiques, ou estourdis de trop grand labeur ne peuuent satisfaire à la teste
& ses conceptions voyant le larron venir, voyre combien
qu'il verroit toute la maison en feu, & que tout le corps y
deburoit perir: comme aussi il en aduient que teste & mé-
bres y perissent tous ensemble. Ainsi en est il aussi icy. N'en
est il pas ainsi? les mains & les pieds, de ce corps ne sont ils
pas du tout endormis? ne viuent ils pas en vn grande seur-
te? tresdangereuse nonchaillance & reprochable lascheté? Voyt on aussi aultre chose par toute la Chrestienté,
que ce qui nous est aussi bien reproché par le Prophete
Amos qu'aux Israelites de son temps? Dont, estimant que
ce qui est escript, est escript pour nostre aduertissement,
& voyant que nostre estat s'accorde tresbien auec celuy

du peuple de Dieu alors, ie mettray icy ses propres termes pris du Chapitre 6. de sa prophecie.

Hola vous qui estes a vostr' aise en Sion, &
vous qui vous confiez en la montaigne de Samarie, lieux les plus renommez d'entre les principaulx des nations, esquels va la maison d'Israel.
Passez iusques en Calne & regardes: & vous en allez de la en Hemath la grande: puis descendez en
Gath des Philistins: n'estoynt ils pas plus excel-
lens que ces Royaulme cy? leur contrée n'estoit
elle pas plus ample, que n'est voltre contrée?
Vous qui reculez le iour de calamité, & approchez de vous le siege de violence: qui estes gisants
dans des licts d'yuoire, & vous estendez sur voz
couches, qui magez les agneaux choisis du trouppeau, & les veaux du milieu du lieu, ou on les
engraisse: qui gringottez au son de la musette, &
inuentez des instrumens de musique comme Dauid: qui beuuez en bassins le vin, & vous parfu-
mez des parfuns les plus exquis, & n'estes point
malades a cause de la froissure de Ioseph. Pourtant ils s'en iront en captiuité tout maintenant,
entre les premiers qui s'en iront en captiuite & la
crierie de ceulx qui s'estendent sur leurs couches
sera ostée. Le seigneur L'ETERNEL a iure par
soy mesme. L'ETERNEL DES ARMEES

dit

des coups, & qu'il y fauldroit beaucoup de temps pour e-
stre assaillis du Turq. Et qu'auons nous affaire de l'Hon-
grie, de la Transiluanie, de la Croace, voyre aussi de l'Austriche? Que nous en chault il? nous n'y auons ne profit
ne interest, nous n'y auons vn seul pied de terre: que ceulx
qui en sont les Seigneurs combattent contre le Turq &
s'en defendent. Ioint qu'il y a vn long chemin iusques a
nous: & y fauldra plusieurs pas deuant de nous pouuoir
attaindre, par l'Austriche, la Bohemie, la Silesie. Il dit
plus auant. Et approchez de vous le siege de violence. Qui sont ceulx la? Ce sont ceulx la, qui laissant le
Turq iouer son rolle, comme il veult, en la Chrestienté,
sans s'employer auec les aultres a la resistence, permettent
aultant qu'en eulx est, qu'il emporte vne prouince, vne
region, vne ville, vne forteresse apres l'aultre, cerchants
cependant, des approcher le siege de violence, cest a dire, d'en faire leur profit, pescher en eaue trouble & attirer
par force & prattiques les terres & biens de leurs voisins
soubs leur puissance: chasser apres grandes dignitez, puis-
sances, Empires: & laissent cependant celles a la defence
desquelles ils debuoint veiller vniquement, entre les mains de ces Barbares. Et n'estes point malades a cause de la froissure de Ioseph. A bon droit malheur
sur malheur, qu'vn ne se resent de tant millions d'ames
simples & fideles qui ne pouuant, & ne sachant le moyen
de se defendre, sont emportées soubs vn ioug si cruel: &
sans pensée de les en deliurer, on demeure, & iouyt de son
aise & de toutes sortes des voluptez & passetemps.
Certes ce ne sera pas sans vn eternel. Malheur que
le sang de tant des millions, du peuple de Ioseph des pauures & simples gens de village, femmes, vierges, enfans,
& de

& de plusieurs iustes & bons Chrestiens, sera demandé de
la main de ceulx qui par leur nonchaillance en sont la cause de leur perdition: qui n'ont la volonté ne le desir de les
reuenger, ou deliurer de tant miserable seruitude.

Mais sans resentiment & soucy. Ils sont gisants
dans des licts d'yuoire & s'estendent sur leurs couches, mangent les agneaux choisis du trouppeau,
& les veaux du millieu du lieu ou on les engraisse,
gringottent au son de la musette inuentent des
instruments de Musique comme Dauid, boiuent
en bassins de vin & se parfument, des parfums, les
plus exquis. Ie vous asseure qu'il y aura des reproches
pour ceulx qui laissent leurs freres crouppissants en terre, es tours & prisons de l'ennemy & en miserable seruitude, eulx cependant se traittans bien molle & delicatement, monstrants en tous endroits leur magnificence, en
vtensiles, en accoustremens & en viandes. Helas, qu'il y
a mainte ame affligée qui ne souhaitteroit qu'vn morceau
de pain sec? mais il fault que nos chiens en soyent repeux
des bons lopins qui leur sont iettez de leurs maistres en
abondance, iusques a vomir, ou s'estouffer de graisse. Et
encor ne sont ils assez ioyeulx, s'il n'y a de la musique a-
uec grans depens. La des chansons de toutes sortes.
Comme Dauid, mais a rebours. Car les chansons de
Dauid estoint des louanges & actions de graces apres les
victoires de ses ennemis Lesquelles il accompagnoit du
son de la harpe, des cymbales & trompettes, auec grande ioye. Chez nous il y a le mesme, des sons des instrumens sonnans des Courrantes, Galiardes, Pauanes, bal-
lets diuers, madrigals villanelles comme si auions Vaincu

des Geans, & tant mille Turqs & payens, mais nos pauures freres & feurs tiennant les mesures de leurs freres, en
dures & miserables, voyre espouuantables prisons, lamen-
tant leur calamité, & noftre nonchaillance. Helas quels
freres? quelles feurs? quelle inegualité: Les vns remplis
iufques a la gorge voyre iufques a vomir, & les aultres mo-
urrans apres vn trait d'eau claire, voyre fe contenteroint
d'eau puante & pleine de vers. Les vns fe veaultrans en
liéts mols & delicats: les aultres preffant la dure. Les vns
riche & delicatement veftus, les aultres bien ferrez, les
vns perfumez bien richement: les aultres tout confits en
la puanteur de la prifon, en laquelle ils font enferrez &
entaffez comme des chiens ou aultres beftes plus viles.

    Mais quel eft le malheur qui leur eft menacé? Voyez
ce qu'il en dit. Pourtant ils s'en iront en captiuité
tout maintenant, entre les premiers qui s'en iront
en captiuité: & la crierie de ceulx qui s'eftendent
fur leurs couches fera oftée. Comment vous plait ce
language, vous qui vous eftendez fi magnifiquement fur
vos couches d'yuoyre, fur vos lits tant mols que fumptu-
eux couuert de tapifferies precieufes & bordees d'or, d'argent, perles & aultres pierreries, comme ceux qui ne fça-
uent, en quoy ils pourroint defpendre, voyre profondre
leurs richeffes. Les viandes plus delicates, n'on pris qui
vous les vende trop cheres. La mufique en vos banquets
& feftins, les parfums en vos veftemens, (& que diroit de
la defbordée profufion par tout?) ne font rien; mais s'il
eft queftion de fecourir ces pauures prifonniers, c'eft allors que vous voulez trencher de bons mefnagers. Et que
diray ie de ceulx qui font fi efloignez, comme il vous
femble: mefmes le pauure Lazare gifant a vos portes,

meurt de faim & de miſere. Mais quel changement ? Ne
vous riez pas penſant que c'eſt le menace d'vn homme,
c'eſt L'ETERNEL DES ARMEES qui parle: Vi-
endrá le temps tout maintenant: c'eſt a dire, deuant
que vous y aurez penſé, que vous ſerez entre les premiers
qui s'en iront en captiuité. Tels ſont les iuſtes Iugements
de ce Grand Dieu, qu'ayant oublié ainſi contre ton
debuoir, & contre la nature, meſme tes pauures freres &
ſeurs, languiſſants en vne ſi profonde miſere, ſans aulcun
ſecours, ayde ou conſolation, tuy ſois, les mains liees,
auſſi mené, non ſeulement pour veoir comment ils ſe por-
tent, ce que tu dedaignois en ta proſperité, mais pour leur
tenir compagnie.

　　Et comme tu ſeras contraint de dire en ta côſcience
Iuſtus eſt Domine, & iuſla ſunt iudicia tua, Seigneur
tu es iuſte, & tes iugements ſont en iuſtice:ainſi auſſi ceulx
qui ont ſi longuement attendu, mais en vain, ton ſecours,
entiront pour le moins quelque ſoulagement, te voyants
à l'eſpreuue de la meſme calamité. Car *Solatium eſt mi-
ſeris, ſocios habuiſſe malorum*. & c'eſt le dernier ſoulas
d'auoir quelque Compagnie en ſes maulx.

　　Vrayement Sera allors eſtée la crierie de ceulx
qui s'eſtendent ſur leurs couches, & verrá l'on ſur
la fin de quel ton ſerá leur chanſon, quand leur ioye, & de-
lices, leur pompe & magnificence, finirá en treſameres
complaintes. Mais trop tard: trop tard diſ ie, viendront
ces veus pleut à Dieu que nous euſſions eſte ſi ſages, de
preuenir a ce malheur quand il eſtoit encor temps: fait tenir loing l'ennemy, quand nous auions la puiſſance: Car
le Seigneur L'ETERNEL a iuré par ſoy meſme.
　　　　　　　　　　　　　　　L'ETER-

L'ETERNEL DES ARMEES dit, I'ay en
deteſtation l'orgueil de Iacob, & ay en haine ſes
palais.   He que ce ſont des mots eſpouuantables, voyre
aultant d'eſclats de tonnere: que L'ETERNEL
DES ARMEES Iure d'auoir en deteſtation
l'orgueil de Iacob.   Mais non ſans grande raiſon. Car
conſiderant les temps paſſez de puis la commencement
du monde, iuſques à la preſente heure, ie te prie, trouueroit on qu'il y eut onques plus grand orgueil, plus grande
pompe & luxe au monde, que ce que nous voyons auio-
urdhuy en Iacob, c'eſt a dire entre les Chreſtiens, & ceulx
qui ſe vantent du nom du peuple de Dieu? Ie dis ronde-
ment, que non.   Regarde le villageois tu le verras habille
en bourgeois, voyre plus richement que les plus riches &
remarquez du paſſé. Voy le bourgeois & marchãd, tu le ve-
tras tracher de Gétilhome: Le Gétilhome, taſche ſurmõ-
ter le prince: Le prince de ſurpaſſer les Empereurs & Rois.
N'eſt il pas vray, que tout ce qu'on peult louer a credit ou
aultrement, entre grans & petits, des marchans ou mer-
ciers, domeſtiques ou eſtrangers, s'en va en bobance &
veſtemens plus que ſumptueux? Quels ont eſté les habits
de nos anceſtres? voyre de cinquante ou ſoiſſante ans ſeulement en ça? Certes ce n'eſt rien de ceulx des princes
d'allors, au pris de ceulx de la nobleſſe & marchands d'au-
iourd'huy. Les femes des bourgeois ſe voyét en brocadels
d'or & d'argét. Es habits cõmuns, tous eſt ſatin, velour, ar-
moiſin, borde d'or ou d'argét. Les draps ne ſont non plus
communs, s'ils n'excedent le pris des draps de ſoye, a
dix, douze, ou ſeize florins l'aulne. Es courts, principalement es feſtois de nopces ou bapteſmes, quelles pom-
pes, quels exces, ordinairement aux deſpens des pauures

ſubiects? tout reluiſt d'or d'argent & pierreries tant aux
habits changez tous les iours, afin qu'on voye qu'on n'y a
rien eſpargné, qu'en aultres vtenſiles : de ſorte que ſemblables exces, excederont ſouuét le pris d'vne tonne d'or,
ou bien dauantage. En ſomme l'orgueil & le luxe du preſent paſſe toute meſure. Les cordonniers tailleurs, pel-
letiers, tiſſerans, s'ornent des velours, qui du paſſé eſtoint
le ſeul ornement des grans Princes & Seigneurs : & deuát ſoixante ou ſeptáte ans il n'eſtoit licite, a ceulx de gráde & ancienne maiſou, ou race noble, de ſe veſtir, comme a preſent on voit les plus vils entre les mechaniques,
tantoſt a la Françoiſe, tantoſt a l'Italienne, tantoſt a l'E-
ſpagnole, tantoſt a l'Engloiſe. En ſomme il ſe fault monſtrer par tout, en mil & mil inuentions nouuelles.

Ainſi en eſt il auſſi des edifices. Mais auſſi dit il:
I'ay en haine ſes palais. Oyez ceulx qui ne ſe peuuent
contéter des bons & vieulx edifices, chaſteaux & maiſons
de leurs anceſtres : Il les fault abbattre & en baſtir des
nouueaux a la moderne. Choſe fort commune. Et ou
trouuera on vn marchand, gentilhomme, Conte & Prince, qui ſe contente de la demeure de ſes anceſtres ? Il la
fault eſlargir car elle eſt trop eſtroitte, il la fault mieulx
accommoder, ou pour mieulx il fault monſtrer noſtre magnificence. De la les exces admirables. Et ne voyt on des
marchans qui pour monſtrer qu'ils ont bien grappillé,
plus richement & magnifiquement logez, que des grans
Princes & Electeurs ? La nobleſſe ne ſe voit elle pas auio-
urdhuy en palais Royaulx ou Imperiaulx. Et que dirons
nous des Princes. Les baſtimens Alemans ne les contentant non plus : il fault auoir des ingenieurs d'ailleurs, qui
baſtiſſent a l'Italienné : Il y fault meſme des grottes &
& fontaines ſouſterraines pour augmenter le plaſir & la
volup-

volupté. Mais il est a craindre, que nous ne nous trouui-
ons en aultres grottes, esquelles nos yeulx seruant de
fontaines ruis{} trop tard des chaudes larmes, accom-
pagnez d'vn piteux murmure, de tres ameres compleinc-
tes. Car bastissez tout aultant que vous vouldrez: mais
escoutrez aussi ce que ce grand Dieu en dit: non seulement: I'ay en haine ses palais: mais aussi. Pourtant liureray-ie la ville & tout ce qui est en icelle. Et s'il
aduiēt qu'il y ayt dix hommes de veste &c. & peu
apres: Car voyci L'ETERNEL commande &
frapperá les grandes maisons par decoulements
d'eaux & les petites maisons par fentes. Quelles
maisons sont ce dont il parle? sont ce les communes des
bourgeois, ou marchands, ou gentils hommes? Non certes. Ce ne sont pas seulement maisons basties de bois &
pierres, de charpenterie & massonnerie, mais ce sont
principalement les vielles & honnorables lignees, que
nous appellons aussi maisons. Et de fait: O noble maison d'Austriche, ne t'es tu pas resentie d'vn puissant de-
coulement d'eaux? n'as tu pas reçeu vne fente bien dan-
gereuse? Combien des Seigneuries t'ont esté ostees par
ces deluges du Turq? Et si ainsi se fait du bois verd, que
será ce du bois sec? Et si vne si noble & puissante maison
reçoit vne telle secousse, que sera-ce des aultres? Et quant
a vous aultres tant grandes que petites maisons, que n'a-
yant voulu esteindre le feu, ou soustenir la ruine de ceste
grande, que vous serez mieulx traictez de ce sanglant tyran? N'en faittes pas vostre compte, car ce seroit sans
l'hoste. Et le Prophete aussi dit: que L'ETERNEL
commande, & frapperá les grandes maisons: &

les petites parfentes.   Il n'y a icy aulcune exception.
Et si ceste noble & louable Maison d'Austriche, n'en a esté
exempte, voyre si nous mesmes par vne lasche impruden-
ce l'auons laissée cheoir entre les pattes de ce tygre, sans
luy faire la deue resistence : il ne fault penser, que les aultres, tant grandes que petites maisons en eschapperont.
Et si nous regardons bien les paroles du prophete, nous
trouuerons qu'il nous dit tout ouuertement : Si ceste
maison d'Austriche tombe entre les mains du Turq, pensez vous aultres que vous en demeurerez afranchies? Há
certes vous vous resiouyssez de Choses de neant,
& dites, ne nous sommes nous pas acquis des cornes par nostre force? Qui est icy celuy qui parle? C'est
L'ETERNEL DES ARMEES qui a iuré
par soy mesme, d'executer tout ce qu'il a menacé.
Pourroit bien parler plus clairement de nostre temps &
de nos pensées trop dangeureusement voyre malheureusement asseurées ? Esueillez vous a la fin vne fois vous
nobles petites & grandes maisons, accourrez au
feu, & soustenez de toutes vos forces la ruine de ceste
cy. Car si elle est emportée, ce sera aux depens des vostres : & si le feu la deuore, il se prendra aussi vrayement,
que celuy, qui a parlé, est veritable aux vostres, selon le
prouerbe ancien *Tum. tua res agitur paries cum proximus
ardet.*   C'est a tes despens quand la paroit de ton voisin
ard. Et sommes nous encor si fols de dire, ne nous sommes nous pas acquis des cornes par nostre force?
Voyre nous aurions beau dire, si nous auions affaire aux
hommes. C'est Dieu qui bataille contre nous, pour cha-

                                                    stier

ſtier noſtre orgueil, & noſtre oultrecuidance, de nous
vanter de quelques Cornes & forces, qui ne ſont que
des choſes de neant, deſquelles nous nous eſiouyſ-
ſons, en vain. Car eſcouttez encor: Voyci j'esleue-
ray contre toy vne nation, dit L'ETERNEL
DES ARMEES Laquelle vous oppreſſera, depuis l'entrée de Hemath, iuſques au torrent du
deſert. O de l'eſpouuantable menace, de nous oppreſſer depuis l'entre de Hemath. Qui & quel eſt
ce lieu, auquel ceſte nation esleuée de Dieu commen-
cera a nous oppreſſer? C'eſt l'entrée de Hemath.
c'eſt a dire, depuis l'orient, d'Aſie dont on alloit en
Hemath, qui ont eſte les principaulx & plus floriſſans
Royaulmes, qu'il auoit mis en noſtre defence deuant
nous. Et depuis ce lieu la ſerez vous oppreſſez. Iuſques
au torrent du deſert. & quel eſt ce torrent? ſi, peult
eſtre, il y auoit eſpoir de borne ou barriere qui le retienne,
qu'il ne paſſe plus oultre. Ouy vrayement ne paſſera il
plus auant que le torrent du deſert, c'eſt a dire, la ou
il ne trouuera plus rien a rauager, au deſert, ou il n'y a plus
perſonne, qui y fait ſa demeurance. Et voyla iuſques ou
nous ſerons oppreſſez & angoiſſez, non pas iuſques a Vienne, ou a Krembs, ou meſme, iuſques a noſtre chere patrie: mais tous ces palais de Iacob, toute la Chreſti-
ente & tout ce qui a nom Chreſtien. Premierement la
Germanie, puis la France, puis l'Italie, l'Eſpagne, l'Angleterre, puis vers la Danie, Iuſques au torrent du deſert. Voyre iuſques a la mer & les terres & contrees in-

On pourroit dire ou penſer, que ceſte prophecie
d'Amos, comme trop vielle, & propoſée nommeement
aux Iſraelites n'eſt trop bien & proprement appliquée a
ce temps preſent: & n'eſtre le deſſeing ne du Prophete,
ne du l'Eſprit de parler du Turq aux Chreſtiens: mais
ſeulement aux Iuifs & leur propoſer leur captiuité en
Babilone, & que ſi de bon heure ils ne faiſoint vraye repentance, tous ces maulx les atteindroint, tombans par
iuſte iugément de Dieu ſur eulx. Ioint qu'elle a eſté accomplie es meſmes Iſraelites deuant plus de deux mil
annees.   Et quelle folle lourdiſe de tordre & retordre
ainſi les Sainctes Eſcriptures : de donner nouuelles in-
terpretations & applications aux Prophecies iadis accó-
plies, en ceulx, auſquels elles eſtoint donnees ? & quelle
nouueaulté du Turq. qu'a il affaire entre les Chreſtiens,
& qu'eſt il de beſoing d'en menacer & vouloir eſpouuanter la Chreſtienté, comme vn tas d'enfans tous niays?
Voyre n'a on pas des Prophecies treſclaires, qui ſont du
tout contraires a ceſte trop violente detorſion de celle cy
d'Amos: Aſcauoir que ceſte puiſſance & tyranie du Turq,
dont nous ſommes menacez, prendra bien toſt ſa fin, &
qu'elle eſt au plus hault & plus proche de ſa periode?
Voyre que pluſieurs ſeront conuertis a la religion & foy
Chreſtienne. Il y a vne vielle Prophecie entre les Turqs
meſmes traduitte par vn certain Wilhelme. Eo, dont la
teneur eſt telle: Noſtre Empereur (parlant du Turq)
S'esleuera & prendra le regne du Prince des gentils, & empoignera la pomme rouge ou dorée, l'aſ-
ſuiettiſſant ſoubs ſa puiſſance : & ſi le glaiue des
Chreſtiens ne s'y oppoſe en ſept ans, il la retien-
dra par l'eſpace de douze annees. Il baſtira des

gran-

grandes maiſons, plantera des vignes, enuironne-
ra les iardins des hayes, engendrera des enfans. Et
apres qu'il aura dominé la pome rouge par douze
ans : Le glaiue de Chreſtiens ſe monſtrera derechef, ſurmontant noſtre Emp. & le mettant en
fuitte & route.

Vn certain Anthonius Torquatus de Ferrar, parlant auſſi de la decadence & totale ruine du Turq dit entre aultres, qu'il ne regnera plus longuement, ains que
l'armee Chreſtienne le chaſſera de tout l'Orient: & que
les Chreſtiens s'eſpandront par l'Orient & l'Aſie, en telle
haſte & multitude comme s'ils y eſtoint volez. Et ceſte
Prophecie a eſté publiée l'an 1580. pour eſtre accomplie
en l'an 1594 ou 95.

Vn aultre Laurentius Minatenſis, a auſſi prophetizé
de la ruine du Turq. De meſme auſſi Matth. Dreſſerus
expliquant & refutant la prophecie de Lactance, qui di-
ſoit. *Romanorum nomen, quo nunc regitur orbis, tolletur*
de terra, & in Aſiam Imperium reuertetur, ac rurſus O-
riens dominabitur, atque Occidens ſeruiet. C'eſt à dire,
Le nom ou empire des Romains, par lequel le
monde eſt gouuerné, ſera oſté de la terre, & re-
tournera L'empire en Aſie: de ſorte que l'Orient
dominira derechef, & l'Occident ſeruira. Et de
telles prophecies y en a il pluſieures. Mais pour reſponce. Quant a telles ou ſemblables prophecies de la ruine
du Turq, & que deuant le dernier iour, la Chreſtienté s'
eſleuera en grande fleur & haulteur, & qu'a la fin les Chreſtiens impoſeront le ioug au Turq, i'en reſpons de la bou-

E che de

che de L'ETERNEL DES ARMEES que vous
vous esiouyssez de choses de neant, & que cest vne
vaine attente; Car par la parolle infaillible de Dieu j'en
demonstreray le contraire.

    Le Prophete Daniel qui par la Reuelation de Dieu
a veu les quatres Monarchies, comme aussi il les nomme
l'vne apres l'aultre, dit au septriesme chapitre, de la quatriesme & derniere, qui est celle des Romains d'ont il de-
siroit aussi mesme veoyr la fin. Adonc je voulu scauoir
la verité touschant la quatriesme beste qui estoit
differente de toutes les aultres & fort terrible, de
laquelle les dents estoint de fer & les ongles d'ai-
rain, & laquelle mangeoit & desbrisoit, & foulloit
a ses pieds le demeurant: Et touchant les dix cornes qui estoint en sa teste, & de l'aultre qui mon-
toit, par le moyen de laquelle les trois estoint
tombees, & que ceste corne la auoit des yeulx, &
que sa bouche parloit en magnificence, & de laquelle l'apparece estoit plus gráde que celle de ses
compagnes. l'auoy veu comment ceste corne faisoit la guerre a lencontre des saincts & les surmó-
toit: Iusques a ce que l'ancien de iours fut venu,
& jugement fut donné aux saincts du souuerain,
& le temps vint que les saincts obtinsent le Royaume. Et luy fut respondu: La quatriesme beste,
sera le quatriesme royaume, lequel sera different
d'auec tous les royaumes, & deuorera toute la

terre, & la foulera & la brisera. Mais les dix cornes, ce sont dix Roys qui s'elleuerõt de ce royaume la ascauoir, Syrie, Ægypte, Asie, la Grece, Italie,
France, Espagne, Afrique, Germanie & Angleterre.
Et vn aultre s'elleuera apres eux, qui sera different d'auec les premiers, & abattera trois Roys
(pourroit bien estre qu'il parle d'Ægypte, Asie & Grece,
qui sont trois royaumes souiugez par le Turq : & pleut a
Dieu qu'il ne passast plus oultre ; mais je crains que ce ne
soyent trois aultres que je n'ose nommer, & qui pour le
present sont encor en quelque fleur) Il proferera pa-
oles contre le Souuerain, & minera les saincts
du Souuerain, & pensera pouuoir changer le tẽps
& la loy : & les saincts seront liurez en la main d'i-
celuy iusques a vn temps, & des temps, & vne
moytié de temps. Mais iugement se tiendra, & on
ostera sa domination, en le destruissant, & le faisant perir, iusques a en voir le fin. Or icy vois tu cõ-
bien de temps le Turq dominera.

Au chapitre huictiesme dit il aussi : Et en la fin de
leur regne quand le nombre des desloyaulx sera accompli, il se leuera vn Roy felon de face, &
entendu en subtilitez : & sa force sera renforcée,
non point toutesfois par sa force. Et il gastera a
merueilles, & prosperera & exploitera, & destrui-
ra les puissans, & le peuple des saincts. Mesmes
tout ainsi qu'il l'aura entendu, & qu'il aura fait a-

uancer la tromperie en ſa main. Et il ſe magnifie-
rá en ſon coeur, & en gaſterá pluſieurs par ſa proſperité. Il reſiſterá côtre le Seigneur des Seigneurs,
mais il ſerá debriſé ſans main. Et la viſion du ſoir
& du matin, qui a eſté ditte, eſt treſueritable : &
toy cachette la viſion, car elle n'aduiendra de lóg
temps.

Ceſte prophecie eſt de meſme teneur auec la precedente du chap. ſeptieſme, regardant la fin du monde : &
routes deux depeignent le Turq de ſes propres & viues
couleurs : vrayement vn. Roy felon, ſubtil, & de grande
force. Et de fait ſon auancement prouient non pas de ſa
puiſſance, mais ordinairement par fraude & deception,
par trahiſons, par alliances & pacifications, eſquelles il ſe
tient, iuſquesa ce qu'il voit l'occaſion & opportunité de
iouer ſon tour. Il proſpere en deſtruiſant les puiſſans, & le
peuple des Sainćts, tout ainſi qu'il l'a entēdu. Ne voit on po
int cōment il ſe magnifie & eſleue, en ſe faiſant ou diſāt vn
Monarche de tout ce monde ? s'intitulant Seigneur d'O-
rient & Occident ? Ne reſiſte il point contre le Seigneur
des Seigneurs, le fils de Dieu, lequel il mauldit, le pour-
ſuit & luy prefere ſon malheureux & maldit Mahomet?
Mais il ſera debriſé ſans main. C'eſt pour t'enſeigner
que ſon regne durerá iuſques á la fin du monde. Perſonne
luy oſterá ſa proye. Perſonne l'abatterá ou deſtruirá. Il
obtiendrá victoire contre le peuple de ſouuerain & les ſur-
monterá, iuſques ace que l'Ancien de iours vienne
au iugement. C'eſt pour qui la deſtruction de ceſte
corne, eſt reſeruée : ceſt auſſi luy ſeul, & non aultre qui en
ferá la fin, en la derniere iournee. Lis auſſi le douzieſme
                                                    cha-

chapitre du mefme prophete, parlant de cefte befte fan-
glante en mefme forte, & luy mettant le mefme terme.

T'affeurant fur tout, que la parolle de Dieu ne
peult faillir.

Et quant a la prophecie de Lactance, Propofée au
feptiefme liure de la *remuneration diuine*, j'en fuis tout
de mefme opinion, & n'y a aulcune abfurdité en fes propos, comme Drefferus, mal adreffé l'en a voulu charger.
Car il dit *Et in Afiam Imperium reuertetur*, chofe laquelle nous voyons (Helas) eftre trop veritable, felon la
prophecie de Daniel fus allegée. Et n'eft ce pas bien & veritablement dit, Le Turq ayant fait fon commencement
en Afie, l'a toute foubs fa puiffance, laquelle il eftendrá de
lá fur les fainêts du Souuerain, pourfuiuant fes victoires
depuis Hemath, qui eft en Orient, iufques au torrent du
defert : & ce iufques a ce que le iugement fe tiendrá, & on
oftera fa domination, en le deftruifant, & le faifant perir
iufques en voir la fin ? N'eft ce donc pas ainfi que l'Empire, ou le regne retourne en Afie ? Il n'eft pas befoing de
parler, en futur : la chofe eft trop prefente de quelques
centaines d'années en ça. Il a tout l'Orient foubs fon commandement, auquel il adioindrá, pourfuiuant ainfi qu'il a
commencé, en peu de temps, auffi l'Occident. Et ceft
pourquoy Lactáce dit fuiuant le prophete Daniel, *Oriens*
(qui eft le Turq qui de la s'eft monftré premierement)
dominabitur, & Occidens (ce fômes nous miferables, &
tant plus miferables, que nous reculons le iour de
calamité, nous effiouiffans de chofes de neant)
feruiet.

Quant a l'opinion de quelques aultres peres de l'Eglife

ancienne côme de Chryſoſtome, Ierome, Auguſtin & aultres enſeignãs d'vn comun accord, que l'Empire Romain
decherrá, & ſerá du tout extirpé, ou reduit ſoubs vne aultre puiſſance, elles ne ſont a reietter aulcunemēt: & comme Mattheus Dreſſerus les refute toutes, ainſi ne me pourrá il iamais perſuader que j'approue la ſienne, auec
toutes ſes fades & tortues raiſons, prouenantes pluſtoſt
d'vne ſale adulation, que d'vn deſir de monſtrer le chemin
de verité, fondé ſur la lumiere de la parolle de Dieu en vne
valée ſi obſcure, comme il la fait.

Et l'ange expliquãt la viſion de la quatrieſme beſte dit
expreſſement: La quatrieſme beſte eſt le quatriesme royaume. Or perſonne me pourrá nier, & Dreſſerus meſme, que le quatrieſme royaume n'eſt aultre que
l'Empire ou monarchie Romaine, Gouuernée encor au-
iourd'huy par ſon ppre & legitime Monarche. Et toutesfois l'ange dit auſſi. Et vn aultre s'elleuerá apres eux
q ſerá differēt d'auec les premiers, & abattrá trois
Roys. Il profererá paroles contre le Souuerain,
& minerá les ſaincts du Souuerain, & penſerá pouuoir changer le temps & la loy, &c. Si donc il en viendra vn aultre, apres celuy duquel il auoit parlé, il s'en-
ſuit neceſſairement que le premier defaille. Lis attētifue-
ment le ſeptieſme chapitre du dit prophete Daniel.

Quant aux aultres obiections, & que la prophecie
d'Amos, ne parle ſeulement aux Iſraelites mais auſſi a
nous, & que les menaces nous apprehenderont auſſi bien
quelles ont apprehendé les iuifs, ſi de bon heure, rechep-
tans le temps, nous ne faiſons vraye repentance, voyre
que nous, qui ſommes eſcheus & ce dernier eſgouſt du monde, &

de, & auons attaint les iours de la derniere fureur, y somes
monstrez & touschez au doigt : La chose en est si claire &
si asseurée, que la parolle de Dieu est veritable.

Car il est tout certain, & n'y a personne qui ne sçait,
que ce que les Prophetes ont proposé au peuple de Dieu
en l'ancien Testament, des punitions de leurs pechez &
visites de leurs iniquitez : de se detourner de l'orgueil, &
de toutes les meschantes & mauuaises voyes, deuant que
sa fureur s'embrase, & qu'il n'y ayt personne qui puisse deliurer, s'addresse aussi bien a ceulx du Nouueau Testamēt.
Car comme il est le mesme Dieu qui ne prend plaisir en
iniquitez : ainsi somes nous aussi son mesme peuple, voyre
qui debuoit tant plus se retirer de toute malice, n'estant
non plus charnel ainsi vn peuple spirituel.

Pour le second : Aussi vray qu'il est, que par les E-
scripts des Prophetes nous sommes asseurez de nostre vie
& salut Eternel, qui est en Christ, le Messias & sauueur non
seulement des Iuifs, mais aussi des gentils aussi vray est il
aussi que tous les aduertissemens des mesmes Prophetes
s'adressent a nous : Le Seigneur desirāt d'auoir vn peuple
volontaire, non seulement entre les Iuifs qui estoint son
peuple en l'Ancien, mais aussi entre les Chrestiés, qui sont
le peuple du Nouueau Testament.

Pour le troisiesme : Comme ce bon Dieu, Clement &
Pitoyable fait aduertir son peuple des playes qu'il reçebu-
ra s'il ne fait repentance, entre lesquelles estoit aussi la captiuité de Babylone : ainsi en fait il aussi, esmeu de mesme
desir & compassion enuers nous, nous menaçant de ceste
captiuité, aussi dure que celle de Babel, si de bon heure
nous ne nous esueillions du sommeil de peché, & de seur-
té, duquel nous auons esté endormis iusques a l'heure pre-
sente. Et heureux si nous donnons lieu, atant d'aduertis-

ſemens qui a tout heure, tant par parolles, que par exemples de ceulx qui en ſont deſia atrappez, nous ſont faits:
mais malheureux ſi meſmes les menaces de ce Grand
Dieu DES ARMEES, ne nous peuuent eſmouuoir.

Pour le quatrieſme, voyants que les meſmes pechez,
deſquels le Seigneur ſe pleint d'auoir la vogue entre ſon
peuple, auec menaces de les viſiter ſi horriblement en ſon
ire, ſont auſſi en train entre nous, & a preſent, plus que iamais nous ne debuons ni pouuons faire aultre compte, ſinon que les meſmes menaces, & ſingulieremét celle dont
le Prophete Daniel fait mention, de la force oppreſſion,
victoire & cruauté du Turq, contre les ſaincts du ſouuerain, ſera executée ſur nous, ſi comme auons dit nous ne
faiſons repentance, apprennans a eſtre ſages aux deſpens
de nos voiſins.

Et ie te prie, ne ſommes nous pas ceulx, qui comme
j'ay deſia dit quelques fois, nous reculons du iour
de calamité, duquel nous ſomes menacez de ce bon
Dieu, qui ne deſire, que de nous eſpargner, par ſes Prophetes? Nous penſons, il y fault bien du temps auant, que
le Turq paruienne iuſques a nous: Il y a encor beaucoup
des regions & villes a combattre, aſſieger & prendre, deuát
de s'approcher de nous. Mais qu'on dit L'ETERNEL
DES ARMEES. Ie liureray la ville & tout ce qui
eſt en icelle. Vois-tu comment tes villes & fortereſſes,
ne te peuuent guarantir, & qu'il n'y fault ne trop de téps,
ne trop grandes forces pour le Turq, pour prendre tous
nos royaumes, prouinces, regions, villes & fortereſſes:
C'eſt le Dieu des Armees qui les luy va liurer auec
tout ce qui eſt en icelles,

Et voyre n'en auons nous pas vn exemple trop clair
& piteux deuant nous, en la Transiluanie. Exemple comme plus proche, ainsi aussi de plus grand effect, si nous le
regardions comme nous debuions. Quel Duché, quelles
Seigneuries? quelle force & puissance? Mais ne l'a il pas
emporté sans aulcune peine & trauail, & en bien peu de
temps? L'a esté le Seigneur L'ETERNEL DES AR-
MEES qui la luy a liuree, auec tout ce qui est en icelle.
O pauures aueugles que nous sommes, mesmes en voyāt:
sourds auec les aureilles ouuertes, & trop curieuses pour
en ouyr les nouuelles. Ne voyons nous pas de quelles ruses, astuces & finesses, de quelles felonies & trahisons, selon la prediction du Prophete Daniel, il nous traitte? y
a il aussi, tant soit peu, de foy & loyalté en luy? Combien
des exemples y a il qui tesmoignent, qu'il n'y a ne pact, accord, alliance & promesse qu'il ne faulse, y voyant quelque auantage? Chose si cognue, qu'il n'est ia besoing d'en
faire les raconts. L'Empereur des Romains, n'est il pas
comme contrainct de faire quelque trefue auec ce tyran
pour quelques annees? Quelle est la cause d'vne telle cō-
trainte? (Nous retournons a nostre premier propos) la
lasche defaillance des aultres membres, a seconder l'vtile & necessaire dessein du Chef. Et comment seroit il
possible que la Maiesté Imperiale a part soy fit vne resistence suffisante a vn si puissant ennemy, si tous les membres
ou estats de l'empire, voyre de toute la Chrestienté n'y
accourrent d'vn courage volontaire a l'ayde & secours?
Et quel profit y a il de beaucoup aduertir, admonester,
crier & appeller a l'ayde? Les membres qui le debuoint
executer sont endormis, tant en seureté qu'en aultres pas-
sions. Et combien que par ceste secousse assez violente, ils se sont quelque peu esueillez, si est ce qu'ils sont

Instruction de la

goutteux, & paralitiques deſorte qu' encor ils ne ſe peuuent remuer a leur debuoir.

Mais dira icy quelqu'vn : qu'eſt ce que tu dis des gouttes & paralyſie? Ceſt ce dont le Seigneur ſe plaint par le
Prophete Amos : Vous approchez de vous le ſiege
de violence. Qui ſont ceulx la? Ce ſont tous les Potentats de la Chreſtienté, tant Eccleſiaſtiques que Seculiers. Car ne voit on comment vn Prince, Prelat, Roy,
Duc, Seigneur, Prouince, ville, voiſin &c. taſche d'atti-
rir a ſoy & ſoubs ſon domaine, par force, prattiques, &
engins ce qui appartient a ſon voiſin? Ne ſont ce pas des
ſieges de violence qui ſont cerchez & approchez par tout
entre les eſtats Chreſtiens? Les Eccleſiaſtiques ne cerchent ils pas tous moyens d'attirer a eulx les droits des Seculiers, ſoubs pretexte de religion & pieté. Et que dis ie
de pieté? ils ont vn aultre puce en l'oreille, de pretendre
non ſeulement les vielles rentes & prebendes oſtées,
mais auſſi vn droit Diuin, par lequel ils s'eſleuent ſur tout
le ſeculier, ſe faiſans forts d'en pouuoir, par vne autori-
té ſouueraine, diſpoſer a leur pôſte; donner & oſter les
royaumes, principaultez & Seigneuries, comme & a
qui il leur plaît. C'eſt vn gran & lourd morceau, mais lequel ils rongent & machent non en ſecret, mais en plein
marché. C'eſt vrayement approcher le ſiege de violence, a ceulx qui moins le debuoint faire. Et quant a ce qui
auec le temps leur a eſté oſté, il ſemble bien qu'il y a quelque raiſon de le redemander : mais ſi on le regarde de pres
celuy qui en eſt en poſſeſſion, en a aultant & plus de droit
qu'eux: choſe que je t'eſprouueray plus clairement, que tu
ne penſes, encor que tous tes Legiſtes & Decretaliſtes ſe
fuſſent fondus enſemble pour te ſouſtenir ta pretenſion:
mais en ſon lieu, l'opportunité ſe preſentant. Et cependant:

dant qu'on eſt ſur ces aguets d'approcher le ſiege de violence, d'augmenter chaſcun pour ſon particulier ſes territoires, domaines, rentes & reuenus. Le Turcq ioue ſon
perſonnage, & fait ſon profit, ſans aulcune reſiſtence.

Et cecy eſt l'eſtomac du corps, lequel altere de telles
paſſions, cauſe les humeurs nuiſants qui alterent & debili-
tent auſſi tous les aultres membres. Et comment s'oſe-
roint les aultres eſtats, ie dis les ſeculiers auancer a l'execution des deſſeins & conſeils de leur Chef, s'employans a
ſon ſecours, cependant qu'en leur propre maiſon, ils craignent vn ennemy plus dangereux que celuy de dehors,
acharné ſeulement d'auarice, & deſir de recouurir, s'il ne
peult aultrement, par force, ce qu'il pretend luy auoir eſté
iniuſtement oſté. Combien des fois a l'on ouy les cris
de quelques boutefeux: Premierement aux heretiques, &
puis au Turq? Queſt cecy, ſinon de donner matiere de
ſoupçon a ceulx qui entendent aſſez bien ce languaige?
& cependant le Chef innocét en partit, au dommage toutesfois de tout le reſte des membres: & malheur ſur ceulx
qui approchans le ſiege de violence en ſont cauſe. Há
vous Princes & luminaires de ce monde Chreſtien, penſez vne fois, non pas a quelques petites pertes, que vous
endurez les vns des aultres, mais a ceſte grande perte de
l'vniuers. Cependant que nous diſputons pour le droit
d'vne Abaye d'vn cloiſtre, ou aultre telle rente: en depit
les vns des aultres laiſſons emporter, Hé qnels Royaumes? quelles prouinces? terres & villes? voyre tout vn
monde. Et que diſ-ie vn monde? voyre beaucoup plus,
tant des milliers d'ames fideles, que le fils de Dieu a re-
chepté par ſon ſang. Et ſi le monde vous eſt ſi a coeur, ſi
vous perdez ſi mal volontiers quelque portion de vos Seigneuries, regardez pluſtoſt la plus grande perte endurée,

durant vos chagrins ſur des choſes qui n'y ſont aulcune-
ment a comparer. Le Turc vos a emporté non pas vne
Abaye, vn Conté &c. mais des Royaumes & prouinces
toutes entieres. *La Thrace, Bulgarie, Seruie, Boſne,
Liburne, Iſtrie, Ilyrie, Calcidie, Phrygie, Paphlagonie,
Galace, Cappadoce, Harbarineſſe, Armenie, Horſene,
Metylene, Jonie, Cilice, Charace, Syrie, Meſopotamie,
Bithyne, Iudee ou Paleſtine, Cypre, Pamphilie, Lesbe,
Lycaonie, Chaonie, Moeonie, Pannonie, Samarie, Gal-
lilée, Phoenice, Camogene, Beoce, Theſſalie, Ateia,
Atholie, Ordace, Melogne, Croace, Walachie, Mul-
de, Mæonie, Dace, Achaie, Ep·daure, Epyre, Ægypte, Attique, Milet, Ilme, Ponte, Symplegat, Decapo-
lis, Proconeſe &c.* Et qui pourroit raccompter le tout?
ce ſeroit vn catalogue trop long, des terres & Seigneuries: & que ſeroit ce des villes & republiques, plus fleuriſſantes & riches, qu'aulcune de l'Europe? Ce ſeroit iamais
acheuè. A cecy eſtce que vous debuiez auoir eſgard, comment telles terres pourroient eſtre oſtees a ce tyran: &
principalement celles qui nous ſont voyſines & habitees
des Chreſtiens, qui ſont noz freres & ſeurs ſe courbans
ſoubs ce ſceptre Barbare. Voyla des royaumes meilleurs
que les noſtres, voyla des terres & contrees plus grandes,
plus riches, abondantes & fertiles de tout ce qui eſt requis
pour la ſuſtentation de la vie humaine: Le vin, le froment,
l'huyle, les fruits & legumes meilleurs. Les cheuaulx,
boeufs, moutons, oyſeaux & toutes ſortes de volailles,
poiſſons, eſpeces herbages & medicines, en grande abondance. La des mines de toutes ſortes des metaulx treſri-
ches: La leine & le lin plus fins qu'en noſtre pauure Allemagne.

magne. Regardez Mes Seigneurs tant Ecclefiaftiques que
Seculiers quelle perte ; cependant que vous fongez &
prattiquez fur la pauure & defolee Germanie,qui a peine
eft vn pied de terre. C'eft comme j'ay dit icy,ou vous debuiez employer tout voftre foing & toute voftre fageffe &
prudence : c'eft la ou vous debuiez , non pas femer des
difcords & noifes &c. Mais vous ioindre vnanimement
enfemble, & principalement auec l'auantage de ces deux
puiffantes armees, qui ne pourroint eftre mieulx emplo-
yees, non pas comme elles font, a l'aguet du dommage
l'vne de l'aultre, mais a la iufte conquefte ou requefte de
ce qui eftoit voftre: Ie dis de ces deux puiffantes armées
q̃ font au Pais-bas:l'vne pour la Serrenifs. Maieft. d'Efpag-
ne foubs la conduitte de ce gentil & braue Cheualier ą
Marquis Spinola:& l' aultre pour les Tres. Illuft. Eftats
des Prouinces vnies du dit Pais-bas, foubs le commandement de ce grand & renommé Chef le Prince Maurice:
Trauaillez a l'vnion de ces deux armees , qui pour le bien
de la Chreftienté & fouftien de l'Empire Romain,s'em-
ployeront volontiers contre l'ennemy commun , & des
Chreftiẽs & de leur Sauueur, lequel il mauldit à toute oul-
trance, affeurez que l'Eternel des armees, le Dieu & Seigneur puiffant en batailles ferá auee elles. Et fi on ne les
vouloit ioindre foubs vn mefme Chef, il n'y auroit point
de difficulté de les mettre en œuure foubs leur condu-
cteurs diuers. Et de fait , que les Princes Ecclefiaftiques
retiennent leurs forces a part, comme auffi les Seculiers
les leures , & que par diuers chemins: mais d'vn mefme
courage & bonne refolution marchans contre l'ennemy
l'attaquent viuement. Sans doubte en peu de temps on
pourrá voir l'effect de leur honorable entreprife , & le
Turc chaffé & efloigné des prouinces vfurpees fur les

Chreſtiens. Or ſe pourroit on bien voir & employer ces deux armees ſur certaine condition, Aſcauoir, que ce que les Eccleſiaſtiques gaigneroint par leur glaiue & main ar-mée ſur l'ennemy, leur demeuraſt : & ce que les ſeculiers y prendroint leur demeuraſt auſſi, & que chaſque partie diſ-poſaſt de ſa conqueſte, comme de choſe propre, C'eſt pour le moins ſur cecy que vous Princes Chreſtiens debuiez conſulter, & apres bonne meure & prudente delibera-tion, vous achemmer courageuſement a l'entrepriſe. Et ſi le bien de la Chreſtienne vous y peult eſmouuoir : certes l'honneur que vous debuez, a ce grand Dieu des Ar-mées Vn & Trin, que vous debuez a voſtre Pere Eternel, A voſtre Redempteur, au Sainct E-ſprit, par lequel vous eſtes ſeellez, pour le iour de voſtre redemption, contre lequel ce malheurez vomit des blaſphemes treſexecrables. Comme on voit au 7. 8. & 12. Chap. de Daniel, Vous y doibt poulſer. Voyre ſi ne l'vn ne l'aultre ne nous eſueille : certes la ne-ceſſité nous doibt exciter. Car ſi vous ne luy reſiſtez, ils vous emporterá tous l'vn apres l'aultre, comme il en a de-ſia fait le commencement. A cecy on peult auſſi adioin-dre l'vtilité, qui de la conqueſte en reuient a tous. La il y aurá richeſſes ſans eſtrif, & matiere d'vne vraye liberali-té. Si vous voulez honnorer tel prince, tel Eueſque, tel Prelat, tel Cardinel, d vn Romaine, Duché, Eueſché, Seig-neurie ou ville : c'eſt de la que vous le prendrez, (non point de vos freres & Chreſtiens) de la pourrez vous eſtre liberaulx auec bonne conſcience, & ſans aulcune com-plainte. Aultrement, il n'y aurá que malheur. Et de fait, conſiderez, quand on en a fait aultrement, voulant exercer liberalité de rapine & violence, quelle á eſté l'iſſue

de vos

de vos conseils ? voyez si Dieu ne les a tousiours confus &
aneantis. Laissez aux Chrestiens le leur ; & si vous estes
trop estroictement logez, comme ordinairement les Ecclesiastiques s'en pleignent : allez, conquestez ce qu'il
vous a osté : de la est-ce que vous vous debuiez accommoder, & non point de la pauure portion de vos freres Chrestiens. C'est ce que le Prophete Amos veult dire, par l'ap-
proche du siege de violence. Mais il ne parle pas seulement des Ecclesiastiques, mais aussi, & principalement
des seculiers. Car regarde & considere je te prie leurs des-
seins & menees, ne dit on a bon droit, qu'ils approchêt le
siege de violence ? N'est il pas vray qu' vn chascun cerche
d'attirer a soy la terre, region, Duché, prouince, ville, village &c. a soy ? N'est ce pas le principal dessein des officiers superieurs & inferieurs de s'y employer ? & tât plus qu'ils
y sont a droits, en leurs ruses, prattiques & inuencions:
pour attrapper les biens ou subiets, a l'auantage de leurs
Seigneurs & maistres, tant sont ils plus estimez, honno-
rez, louez, & recompensez de leur fidel seruice ? Ceulx la
leur seruent. Mais comment ? pour acquerir plus d'auto-
rité a leur maistre, estendre ses droits, pretencions, reuenus, & rentes : & s'ils n'en viennent a bout sur les estrangers : il en fault faire l'assay sur ses propres suiets. De la
tant de sortes de nouuelles charges & exactions. De la
tant des complaintes des pauures suiets, de la l'auarice
insatiable de leurs Seigneurs, qui souuentesfois n'en sont
coulpables, persuadez de leurs conseilliers & officiers,
qu'il fault qu'il soit ainsi : ce qui toutesfois ne les excuse.
De la tels propos ? Toy Gentil-homme, vasal, toy bourgeois, toy ville, tu as trop des priuileges, il te fault ronger
les ongles, il te fault tirer quelques plumes, il te fault rac-
courcir les ailes, que tu ne voles trop hault. Et n'est assez

qu'on va cerchant tels procez aux eſtrangers, & a ceulx de diuerſe religion : ains il fault que leurs propres ſuiets, comme j'ay dit, qui ſont de meſme confeſſion, & leurs freres, en patiſſent De la tant des alterations de ce corps commun de l'Empire Romain : de les gouttes aux mains & pieds : de la les paſſions coliques, & troubles voyre guerres inteſtines & ciuiles, deſquelles pour donner temps & lieu a l'ennemy commun de tous, nous nous trauaillons & chamaillons les vns les aultres. Regarde toutes les aultres nations ſoubs les cieulx, voyre les plus Barbares, qui s'auancent & enttetiennent par vne belle harmonie qu'elles ont en elles meſmes. Certes on n'y voit tels debats, telles ruſes & prattiques a lentour des prouinces, terres, domaines & droits de leurs voyſins ou ſimpatriots, comme on voit (& s'en vante on encor) entre nous Chreſtiés. Il y a touſiours paix, repos, & bonne correſpondence entre eulx : Mais nous, qui nous vantons eſtre ſubiets du Prince de paix, embraſons nous meſmes, nos terres, comme on voit, en Allemagne, France, Italie, Eſpagne &c. & les conſumons par nos gnerres ciuiles.

Helas, bien experimentons nous pour le preſent, que ceſte grande ſtatue de Daniel, repreſentant les Monarchies ſe tient maintenant ſur ſes pieds bien debiles, ayant les artueils ou doigts d'iceulx meſlez de fer & de terre, qui ſe ne peuuét peſtrir & incorporer enſemble, pour ſouſtenir plus longuement vne ſi grande charge. Les jambes de fer ſont paſſees : elle ne ſe tient que ſur les pieds debiles, en partie de fer ; & en partie de terre. Ce ne ſont que les petites reſtes du fer qui la ſuſtient encor vn peu : comme nous voyons que les forces de la dernière Monarchie ſont bien petites, & a peines l'ombre de celles du paſſé. Le reſte de terre : c'eſt le Regne du Turq, qui s'eſtất

s'eparé

s'eparé deue peu de fer qui restoit, mais aussi selon le mesme tesmoignage du S. Esprit, de nulle consistence, de nulle force pour pouuoir durer longuement. Et ie vous en prie, n'auons nous pas veu desia ceste separation non seulement au commencement du Regne Turquois, mais aussi en son grand accroissement, priuant la Monarchie Romaine des plus puissantes & fleurissantes Prouinces, regnes, Duchez, regiōs & villes? Ioint encor l'affoiblissement qui s'est ensuiuy, apres que l'Italie, la France, l'Espagne, & l'Angleterre se sont aussi affranchis & soubstraits de son obeissance, de sorte qu'il n'y a que, comme j'ay dit, quelques bien petites restes de fer, asçauoir la Germanie, l'Austriche, & quelques prouinces, en fort petit nombre. Et mesme quel espoir nous pouuons nous faire, voyant encor ce peu de fer mal vni & debilité par la terre, qui y demeure encor meslee: c'est a dire, qu'il y a encor peu de concorde entre cy peu & petits prouinces? Certes elle est tant plus exposee au rauage de celuy, qui s'esleuera apres, qui proferera parolles contre le Souuerain, qui minera les saincts du Souuerain &c. C'est a dire, du Turcq, qui pretend faire vne Monarchie a part, s'esleuant contre l'Empire Romain, auquel les saincts du Souuerain, asçauoir l'Eglise de Dieu, est logee, pour le fouler entierement, iusques a ce qu'il soit destruit sans main, par ce grand iuge, qui par sa derniere iournee en fera la fin. Et voyci la prediction de ces grands Prophetes Daniel & Amos, touschant les Royaumes du monde, & commēt l'Occident, c'est a dire, l'Empire Romain ou ses dernieres restes, tomberont soubs la main & puissance de ce barbare, pour estre domtez & disciplinez de luy, si nous n'y obuions par vne vraye & serieuse repentance.

Mais qui est celuy qui y prend garde? qui s'en soulcie?

Certes nous ſommes touts auſſi endurcis que les Iuifs,
quand la Captiuité & le ioug des Babiloniens leur eſtoit
propoſé: perſonne ne voulut croyre, iuſques a ce que
l'experience meſme leur monſtra, que les menaces de
Dieu ne ſont vains. Car de quelle diligence & ſoing e-
ſtoint ils quaſi iournellement aduertis, de ſe retourner
vers l'Eternel, auec promeſſe de detourner le mal qu'il a-
uoit conclu ſur eulx, de la deſtruction de leur terre, de
l'occiſion de la plus part du peuple, & de la dure & la-
mentable captiuité du reſte? Et quant a nous, n'eſt il pas
de meſme? Ne ſommes nous auſſi aduertis tresfidele, &
benignement, de ce bon Dieu qui ne deſire noſtre ruine,
ains attend en grande pacience, noſtre repentance & a-
mendement? Penſons nous que nous ſommes meilleurs,
que le peuple de l'Ancien Teſtament, & que nous ſerós
mieulx traittez, ſi nous communiquons aux meſmes
pechez? Il ne fault point faire ce compte la. Ce ſont
penſees vaines, & eſquelles nous nous trouuerons trom-
pez, ce ſont choſes de neant, comme dit Amos. Car
celuy qui n'a eſpargné les branches naturelles, ne nous
eſpargnera aulcunement. Et ne nous perſuadons, que ce
que le Prophete Amos dit, que l'Eternel a iuré par ſoy
meſme, j'ay en delectation l'orgueil de Iacob,
ne s'addreſſe pas a nous, voyre de bien pres. Regardez ſi
l'orgueil de Iacob n'eſt plus grand pour le preſentre
nous, qu'il eſtoit entre le peuple des Iuifs du temps du
Prophete Amos? Regardez ſi non la meſme ou plusgrã-
de nonchaillance des calamitez de nos freres? Qui eſt
celuy qui eſt malade, pour la froiſſure de Ioſeph? Helas
nous ſommes aſſis mangeans, beuuans, & faiſans bonne
chere: & le pauure Ioſeph crouppit bien enfoncé en

mille

mille angoisses en la cisterne : cependant que tant de milliers de nos freres languissent soubs la cruelle & barbare
tyrannie de ce tygre. Et comment se soulcieroit on de ces
pauures prisonniers, qui sont bien esloignez de nous ? veu
que mesme on ne se soulcie de le detourner de nos frotie-
res ? de luy donner quelque empeschement sur l'entree
de nostre chere Patrie ? de s'enquerir des moyens de luy
faire resistence ? Ou est ce, qui apres la vraye repentance, on se soucie de l'art & discipline militaire, pour y enseigner & dresser nostre ieunesse, qui luy doibt, & peult
estre opposee ? Certes quant a ce poinct ils n'estoint si
entierement estourdis, que nous sommes maintenant.
Voyre nous lisons en l'Ancien Testament, que Dieu
mesme, pour tenir son peuple en continuel exercice, &
de piete, & des armes, leur a laissé quelques ennemis sur
les frontieres pour les esueiller, s'ils auoint le loisir de
s'endormir. Tel, sans doubte aulcune, est encor pour le
preset, le deseing de Dieu enuers nous, qui nous met cest
ennemy en queue, pour nous tenir vigilants & en piete
& en armes. Mais nous comme en la piete nous sommes
froids, ainsi n'y a il aussi que lascheté, nonchaillance &
paresse aux armes & exercice d'icelles. Car voy le monde present, ou est ce que tu trouueras que la ieunesse, &
principalement la ieune noblesse est dressee & exercee
aux armes, comme on voyt que mesme le peuple de Dieu
y exercoient la sienne en l'Ancien Testament ? comme
ont fait tous les aultres peuples & Monarchies precedentes ? Et si tu regardes bien les histoires qui de ces temps
sont paruenues iusques a nous, certes tu y trouueras que
les principaulx d'entre eulx, voyre aussi ceulx qui faisoint
profession de Philosophie, & estimez les plus sages, n'ont
a peine eu aultre soing, que d'y enseigner leur enfans quasi

des le berceau.   Mais entre nous Allemans, renommez
aultrement de belliqueux , il n'y a la moindre trace ou e-
ftincelle de cefte diligence.

Ou trouueras tu pour le prefent entre le commun
peuple, entre les gens de lettres, voyre mefme entre ceulx
qui font eftat de nobleffe, aufquels cefte cure appartenoit
principalement, & deuant tous les aultres, vn feul qui fe
foulcie de faire enfeigner a fes enfans, a bien & dextrement manier, charger & decharger l'arquebus ? picquer
& gouuerner vn cheual ? a porter les armes, a fupporter
la chaleur & froidure, paffer les fleuues a nage, en toutes
fortes qui telle neceffité fe peult prefenter, qui eftoit le
principal foulcy des gens de plus hault eftat entre les anciens, & principalement entre ces Nobles Romains dom-
teurs du mõde. Voyre tracaffat par toute l'Europe tu n'en
trouuerois pas vn , ou certes bien peu, qui y fut occupé.

La nobleffe de ce temps a ordinairement quelques
fiefs de fes Superieurs, afcauoir des Seigneurs & Princes
foubs lefquels ils habitent, non pas a aultre fin , qu'a
celle, de s'exercer en toutes fortes d'armes , pour eftre
prompte & prefte quand la neceffité le requiert. Mais
monftre moy vn feul exemple de tel, qui s'en acquitte felon fon debuoir, fuiuant les pas de ces Vieux Romains
& de leur Ieuneffe. Entre nous, les gens d'Eftat, & qui
en ont le pouuoir, exercent leur ieuneffe & leurs enfans
en yurognerie & gourmandife, en dances & toutes fortes
de femblables paffetemps viles, & s'il n'y a de la commodité a la maifon , il les fault enuoyer auec grans frais &
defpens ailleurs en France, Italie , & aultres lieux femblables , foubs couleur & pretexte de voir les pais &
meurs , & apprendre les langues eftrangers. Vray tef-
moignage de noftre aueuglissement & ignorance, d'en-

uoyer

uoyer nos enfans en tels lieux pour apprendre, a tels defpens, toutes fortes des voluptez, orgueil, de gourman-
difer des bons morcelets, des dances, de courtifer les dames, en fomme de telles vertus, defquelles nos louables
anceftres auroint eu honte d'y penfer feulement. Fais
feulement vne comparaifon du temps paffé d'enuiron
huictante ou foixante ans en ça : quelle mutation, & e-
ftrange matamorphofe y trouueras tu, plus que Circeen-
ne, de noftre ieuneffe changée en pourceaux, chiens,
finges, & aultres tels animaulx, auec vn total oubly &
foulement de l'exercice des armes ? Tu les trouueras
toutes eftrangez en languàge, en meurs, en habits, l'vn a
la Françoife, l'aultre a l'Italienne, en jeux, en dances &
aultres telles legieretez indignes, & mauldites de nos
anceftres : & tant plus, que ceulx qui s'y font adonnez, en
veulent faire eftat, & s'en vanter. Chofe trescommune
pour le prefent, s'il y a quelques petis moyens, de quelconque eftat ou condition, marchant, artifan ou gentil-
homme, il fault enuoyer, pour les defpendre, nos enfans
en France ou Italie, pour apprendre ces belles courtoi-
fies. Et combien des millions penfes tu que l'Allemagne
depend par an en ces lieux, pour s'acquerir ces prouef-
fes mal preufes, & gentileffes peu gentiles ? Ie le tiens certes pour vne chofe affeuree, que tels parens en refpon-
dront quelque iour, & de la perte malheureufe de leurs
enfans, & de la diffipation de leurs biens, qui tous deux
font dons de ce grand Pere de familles, qui debuoint eftre
mieulx colloquez, & employez en aultre endroit.

Monftrez moy vn lieu en tout ce monde, auquel il
y ait plus a apprendre, & auquel toutes les arts & fciences,
& liberales & mechaniques, font en plus grande fleur,
qu'en noftre Allemagne, qui en a de tous temps le pris &

lalouange deuant toutes les aultres terres & nations. Ou
y a il vne nation qui ait eu telle louange de proueſſe & de
conſtance, comme la noſtre? Quand on a voulu propoſer
vn exemple de vertu, de preud-homie, & aultres telles louanges : on a preferé le louable Allemand a tous aultres.
Mais bien changé a preſent, de ſorte qu’ a peine on trou-
uerá ſur touté la terre, nation plus folle & bizarre. La choſe en eſt ſi claire, qu’il n’ eſt beſoing de gráde eſpreuue. Regarde toutes les aultres nations, les François, Italiens, E-
ſpagnols, Anglois, Vngrois, Polonois, Turqs, Moſcouites
&c. Tu ne trouueras aulcune ſi follaſtre, legiere & incon-
ſtante, voyre ſi ſinge, d’imiter tout ce qu’ elle voit que l’Al-
lemande, y há il quelque habit nouueau & eſtrange, ille
fault imiter, & s’en deſguiſer. Regarde ſi en la France,
en l’ Italie, & aultres lieux, tu trouueras de tels fils, qui en-
uoyent leurs enfans, & en facent quelques deſpens, pour
voir l’ Allemaigne : cóme pour eulx il y auoit aultant, voyre plus a voir & apprendre chez nous fleuriſſans, comme
j’ ay dit deſſus en toutes arts, que pour nous chez eulx.

Qui vérroit tout l’ argent des Allemans, dependu
en quarante annees en ça, en la France, en l’ Italie & en
aultres endroits, en telles legiertez, vanitez & follies, j’en
ſuis aſſeuré qu’il en trouueroit la ſomme ſi gráde, qu’il eſti-
meroit n’ y pouuoir auoir tel argent en tout ce móde. Nos
anceſtres, les vieulx & vertueux Allemans, auoint en
horreur ſemblables legiertez comme le diable meſme,
comme auſſi elles ſont diaboliques : & quels ſommes nous
(leurs ſucceſſeurs) que nous nous y plaiſons? nous en vantons? Les eſtimons dignes d’eſtre propagez ſur la poſte-
rité, par nos enfans? & pour cela y employons la meilleu-
re partie de nos moyens, afin qu’ ils les apprennent bien
exactement? Ie te prie, y auroit bien au monde, vne nation

tion, qui fut plus aueuglie par le diable en cest endroit, que
la nostre?

Les aultres nations comme sont l'Italien,
l'Espagnol, l'Anglois, voyre les Moscouites &
aultres ont singulier esgard à cecy, ascauoir que
nul, soit estranger ou naturel passant par leurs terres, ou en sortant, n'aye plus d'argent sur soy, que
ce que luy fault pour se defroyer au chemin, en
tenant l'oeul bien ouuert en vne tresdiligente re-
cherche es ports & sorties, tant terrestres que
maritimes.

Mais nous lourds & fols Allemans, non seulement ne
nous soulcions de telle bonne & salutaire ordonnance:
mais nous leur enuoyons nostre argent à force, en recompense de ces folies que nous acheptons d'eux : leur laissant l'occasion & de iouyr du nostre, & se mocquer de nostre stupidité. Combien pensez vous qu'vn trouueroit,
si on en faisoit enqueste, des gens estimez d'estat tombez
en extreme pauureté, apres auoir despendu tous leurs
biens & moyens en France, Italie, & aultres tels endroits,
si malheureusement, en des exercices si ords, sales, vils &
contemptibles, à toute ame bien née?

Il y a maint Seig : lequel s'il auoit mis en depost &
garde l'argent, qu'il a despendu en quelques années en
France, Italie & aultres endroits, s'exerceant, cependant
chez soy, & en sa propre court auec les siens, en meilleurs
& plus honnorables exercices, qui auroit non seulement
sa chambre & casse fournie de deniers, mais aussi sa court
peuplée chez soy de bons & preux cheualiers, là ou maintenant il y a du default de tous deux.

Si quelqu'vn des anciens Greqs, de l'armee de ce
grand Alexandre, ou des Romains, voyre des Allemans
trespassez deuant quelques huictante ou soyxante annees,
resuscitoit maintenant, & venant vers nous en l'Allemaigne verroit nos menees du present, nostre police & nos
meurs, ie suis bien asseuré, que tant esmerueillez, ils di-
roint auec grande indignation: Qu'est ce de l'Allema g-
ne? Est cecy l'a terre & region tant renommee? on n'y
trouue toutesfois, pas vn seul vray Alleman: il fault qu'
elle soit rauagee par quelque nation estrange. Ce n'est
non plus la vieille Allemagne, mais vne estrange confu-
sion de toutes sortes des nations. Ou sont ces braues
guerriers, ces ames vrayemēt heroiques? Ou est ceste prudence & constance tant apparente & renommee en toutes occurrences? Ou est la vertu tant cherie par cy deuāt?
Ou sont leurs tournois & aultres exercices de sa louable
Cheualerie, & Noblesse? ou sont leurs prouesses? Ou est
ceste louange & honneur fleurissant par tout le monde?
Ou est ceste force & puissance? Ou sont ces Zelateurs de
la gloire de leurs ancestres? Ou est la police si bien ordon-
nee? ou est la discipline militaire si bien exercee & gardee?
Ou sōt les richesses & abondance de tous biens entre grās
& petits estats? Mais quelle responce a telles demandes de
reproche veritablement non iniuste? Ne diroit on la vé-
rité Si on respondoit: Ils se font tous en allez, aprés des
nations estranges: ils se font tous desguisez? Il se font tous
changez, effeminez, il n'y a que des Corregiani, belo las
manos de Vera, danceurs, ioueurs, braueurs, couuerts de
mille & mille sorte d'habits & de façon, & de couleurs
diuers. le reste tout confit en laschecé & ignorance de vertu & de tout ce qui en depend. Certes celuy dis-ie, qui re-
spondroit en telle sorte, ne nous feroit aulcun tort: car ce

n'est

n'est que la nue verité. Mais pensez vne fois comment en
respondront, & les passez & les presens, qui en sont la cause, & qui encor deforment leur patrie, & corrompent leur
propres enfans en telle sorte, a ce grand Dieu & iuste iuge.
Toutes les aultres nations de la terre, dés tout temps
iusques au present, non seulement est curieux de maintenir leur languages & meurs, mais y ont aussi employé
toute diligence possible, voyre y employant mesme la force de leurs armes, pour empescher que les estrangers, &
principalement ceulx, qui par legiertez pourroint aulcunement corrompre leur bonne discipline, meurs & cere-
monies, ne se fourrassent parmy eulx.

Regarde, si les anciens ont prins plaisir en semblables folies & legiertez, ou si plustost ils ne les ont point
mesprisé, mesmes entre les femmes.

Pythagoras venant a Crotone, y reprint les habitans
de semblables excez, les inuitant a temperance, & leur
monstrant la laideur de leur orgueil, bobance & luxe és
habits & ornements d'iceulx, auec tel effect, qu'aussi les
femmes quitterent tous leurs ornements d'or, d'argent
& de pierreries, & les dedierent au temple de leur deesse
lune, disant, que le vray ornement consiste non en beaus
accoustemants, mais en vne ame enbellie de toutes sortes
de vertus.

Venez apprennez de ces dames, quel sera vostre ornement, non pas ces parades de vestements estranges &
diuersifiez en mille manieres, monstrans & tesmoignans
quel est l'esprit de celuy qui s'y plaist, mais l'ame ornée
& embellie de la vertu. Sentence notable des femmes. Et que penses tu qu'elle fut celle des hommes?
Phy de la honte, d'auoir ainsi perdu l'honneur acquis de
nos ancestres par tat des peines & labeurs, pour nous mó-

ſtrer beaux & tels ornemens, deſquels meſmes les femmes
du paſſé n'euſſent voulu endurer le reproche: offrant pour
ceſt effect au diable nos coeurs, & aux eſtrangers nos biens
& richeſſes.

Qu'eſt ce que nous auons affaire des languages e-
ſtrangers? quel profit en auons nous? Noſtre langue eſt
auſſi (voire plus) bonne que celles la: auſſi belle, auſſi
virile & graue que nulle de celles que nous allons apprendre auec ſi grande perte des bonnes meurs & diſcipline.
Et des arts: y a il lieu au monde auquel elles ſoyent plus
polies & reluiſantes qu'en noſtre Allemaigne? Des meurs
& Courtoyſie. Nauons nous en Allemaigne les plus grandes & plus remarquables courts Imperiales Electorales,
Ducales, tant ornees d'ordres & bónes meurs, que toutes,
les aultres, qui ſont au monde en pouuoint prendre des
exemplaires? Et de fait, nommez moy vne court au monde, qui ſoit a comparer a celles de nos anceſtres, qui n'e-
ſtoint pas courts ſeulement, mais pluſtoſt des temples &
eſcholes de vertu, d'honneſteté, de proueſſe, integrité &
pieté. Mais helas bien degenerees a preſent, en ſorte
qu'entrant en vne court d'Allemaigne, tu n'y trouueras
vn ſeul Alleman, mais tous François, Italiens, Eſpagnols,
Anglois, & aultres, tant en habits qu'en meurs, repre-
ſentans touſiours ce qui eſt du plus fol & legier des dites
nations, eſquelles ils ſe ſont conuertis ou pour le moins
deſguiſez.

Entre les gentils du paſſé, voyre entre aultres nations du preſent, ſi quelqun ſe fourroit parmy eulx en
habit neufe & eſtrange, auec des meurs non vſitez entre
eulx: on s'en eſt mocqué cóme d'vn fol, on l'a puni, voyre
enchaſſe du tout pour ne corrompre l'ancienne ſimpli-
cité par ſes nouuelles & folles inuentions. Il y a auſſi telles

les republiques, esquelles celuy qui y vouloit introduire
quelque nouuelle loy ou coustume, estoit contraint de la
proposer auec la corde au col, & a ceste condition, que
s'il n'esprouuoit & maintenoit son inuention estre vtile &
necessaire, il en fut estrangle sur le champ. Et telle estoit
la seuerite de ceulx la, a lencontre des ces inuenteurs des
nouueautez. Mais que penses tu que le fera en la grande
Iournee de l'Eternel, contre ces inuenteurs de tant des
nouueautez, tant des habits, que des meurs estrangement
corrompus & vicieux, entre ceulx qui au parauant estoint, comme j'ay dit dessus renommez de simplicite constance & piete.

Et n'est pas besoing encor d'aller cercher le chasti-
ment si loing, nous l'auons desia sur le dos. Car di moy, je
te prie, par quel moyen est ce que depuis quelque huicta-
te ans en ça l'Allemaigne s'est ainsi amaigrie & amatie?
que tous estats, aussi bien les Princes, que les subiets si a-
pauuris? N'est ce pas par ces beaux draps de soye, & aultres instrumens de luxure, vrays attrape deniers, qui
nous sont enuoyez & bien cherement vendus de l'Italie,
France, Espagne, lAngleterre, & aultres endroits. Et
nous si fols que nous les laissons pescher & puiser nos
bources, prenans d'eux des choses superflues, inutiles,
ou desquelles pour le moins nous nous pouuions bien
passer.

Et qui plus est, n'ayant, comme trop lourds, ou trop
simples, la dexterite de bien employer ces drogues, nous
leur enuoyons aussi nos enfans auec la bource pleine
pour despendre aux apprentissages les dernieres restes.
Qui ne dira que c'est vne folle plus que folle? O de l'heur
de l'Allemaigne; O des richesses, & thresors tant entre
grans que petis, si iamais nous n'eussions eu la cognoissan-

ce de ces malheureuses drogues & marchandises, & alle-
chemens d'orgueil, & precipises de pauureté. Mais quelle est nostre condition du present ? Helas combien changée ? Ou sont maintenant nos thresors, ie ne dis pas du cō-
mun seulement, mais aussi des gens d'estat ? Des Princes,
Contes, Gentilhomes & aultres ? En France, Italie, Espagne, Angleterre &c. Et qu'est ce que nous en auons en
eschange ? des monceaux des vieulx haillons, vn monde
des vices, vne infinité des repenties & trop tardiues com-
plainctes.

Et demādes tu, comment nos thresors se sont enuo-
lez si loing sans aisles ? Saches qu'ils n'y sont allez a vol,
mais nos mesmes les y auons portez en nos voyages: & le
reste leur est donné pour leur belles & plaisantes marchandises.

Mais n'y auroit il moyen de les en retirer ? Perdez
en la soing. Ils sont trop sages. Et combien qu'en entrant
en leurs pais, tu y porterois les escus a millions (a quoy ils
ne contrediront, mais se riront tout bellement en leur
sein) si est ce qu'en voulant sortir, tu y auras de la peine,
d'en emporter dix pour le defroy de ton voyage. Et ainsi
fault il traitter ces follastres Allemans, ainsi les fault il
decharger, afin que la voicture ne leur soit trop chere. Qui
est ce qui a nostre argent ? Le marchand estranger. Qui
est ce qui garde la bourse vuide ? le bon mesnager Allemand, tant renommé de prudence & circonspection.
Cependant nous en auons toutesfois nostre part. Ouy:
mais comment ? Si on a besoing de quelque dix, vingt,
trente, quarante, cinquante, ou cent mil florins, tallers
ou escus, on yra bien a sa chambre ou casse, demanderá
si l y a telle prouision pour vne vrgente necessité : Mais
quelle responce ? *Surrexit non est hic*. Et quel remede ? Aux
Iuifs,

Iuifs, ou marchans, qui par leur belles marchandises, bonnes mines, & doulces parolles, nous ont vuidé & nettoyé nos caisses & bourses, mesmes en se mocquans de nous. La on nous baille l'argent tel, & en telle quantité que nous desirons sur bien bonnes asseurances, & a des interest bien chers, pour nous faire plaisir, & pour attirer, comme par vn emplastre, mesme la poussiere demeurée au fond & aux coins de nos coffres. Voyla Messieurs les Allemans, comment doulce & dextrement on vous mousche les nez, puis que vous le voulez ainsi. Et encor estez vous si ais, que vous ne vous en appercebuez : Voyre leur en dictes gran mercy. Aussi est il bien raison : car il vous deliurent de maint soucy : & ne troublez vostre repos & sommeil, par la peur de quelque larron, qui perce pour vous desrobber.

De la est ce que, comme j'ay dit dessus, l'Empire Romain est si amatty en tous ses membres : ascauoir non seulement par soupçons intestins & guerres ciuiles, taschants vn chascun de sa part d'approcher le siege de violence : mais aussi par nostre fol orgueil & luxe, auquel ces nations estrangers nous accommodent bien volontiers pour nostre argent. Et cecy quant au Necessaire, en la deduitte duquel j'ay esté quelque peu plus long, pour ce qu'il semble que nous sommes si endormis, que nous ne sentons aulcune apprehension de quelconque danger.

Venons maintenant a l'Honest. Certes ce nous est bien peu honnest, que nous negligentons ainsi, voyre foulons sans aulcune honte l'honneur acquis de nos ancestres. Recerche les histoires anciennes, ascauoir mon si tu y trouueras memoyre de quelque peuple plus belliqueux & magnanime, mieulx duit & dreſſé aux armes, que l'Allemand. Nous ferons mention de deux exemples ſeulement, afin de ne charger derechef le lecteur d'vne tedieuſe prolixité. Ce grand Alexandre qui en ſi peu de temps a fait plier tout le monde ſoubs ſon eſtendart, a eſté retenu au tours de ſes victoyres par ces Genereux Allemans, qui meſmes ſe ſont mocqués, de ce dont il penſoit les eſpouuanter. Car leur ayant enuoyé ſon Ambaſſade, pour les ſommer de ſe rendre volontairement ſoubs ſon obeiſſance, & iouyr par ce moyen de la bonne affection d'vn Prince tant magnanime & inſuperable. Il luy en firent vn rond & court refus. Et interroguez des Ambaſſadeurs s'ils ne redoubtoint ce Prince ou non duquel toute la terre trembloit : ils reſpondirent qu'ils n'auoint peur de rien, ſinon de la cheutte du ciel, qui les pourroit empeſcher en la chaſſe de allouettes, Tel eſtoit le courage de nos anceſtres du temps, de vrayement grand & genereux Prince, qui tout eſbahy de ceſte reſponce ne les oſa attaquer, de peur de perdre chez eulx, toute la reputation acquiſe, en la ſubiection de tous les aultres peuples. Ce grand Empereur des Romains, gouuernant en grande tranquillité & proſperité tout l'Empire Romain de ſorte qu'il ne craignoit aulcun enhemy, a treſſué à cauſe des Allemans, en telle ſorte que heurtant de ſa teſte contre la paroit il crioit *Quintili vare, redde Legiones.* Car les Romains ſortans de la gaule, & paſſez le Rhin, courants la Weſtphale & la Saxe, & s'ayans aſſuietty le Rhin depuis Coulogne iuſques a Mayence : attaques de leur Chef, ou Prince nommé Herman, eulx l'ayant apris a leur deſpens ſon nom, le nommens Harminius, y perdirent ſur le champ vingt

vingt & vn mille de leurs propres soldats, sans vn grand
nombre des confederez : & fut leur puissance en ce lieu
tellement rembarree que le Chef des Romains Quin-
tilius Varus, esmeu de la hôte rerceüe, se defit soy mesme,
& l'espouantement des habitans de Rome mesmes ne fut
moindre, que quand les Cimbres couroyent l'Italie.

Ie pourrois bien alleger aultres exemples semblables, mais je les reserueray pour vn aultre traitté a part,
auquel tu verras les louanges & prouesses de nos ancestres : concluant seulement de ceulxcy, que si les Allemãs
du passé n'ont eu peur de ce grand Alexandre, voyre ont
defait les Romains, cela n'a esté sans grande sience de l'art
& discipline militaire.

Sus donques Nobles Allemans, n'oubliez la digni-
té & valeur de vos ancestres, recerchez la vielle discipline tant estimee d'eux & tenue auec tel honneur : Exercez vous en icelle auec diligence & des vostre Ieunesse,
& ne permettez aulcunement, que par vostre lascheté la
memoyre de vos peres se perde, ains procurez, s'il est possible, qu'elle soit propagee sur vos enfans.

Mais quel profit y a il de beaucoup aduertir, de se-
mondre & crier, pour nous esueiller, ou exciter en nous ce
courage, & amour a ceste si noble & necessaire discipline ? La paresse & l'ascheté n'a jamais faulte d'excuses.
L'vn s'en mocque & dit : qu'est il besoing de ces exercices, de ces singeries & folles drolleries ? I'ay tant d'annees
esté soldat & fait l'experience de la milice, contre le
Turq, ou aultres ennemis : l'ay esté en tant des batailles
& escarmouches, sans m'estre amusé a telles follies, &c.
A ceulx la je repeté la responce donnee sur telle obiection
en l'Instruction de l'Infanterie.

L'aultre, seroit bien desireux d'apprendre, s'il auoit
de qui

de qui ou s'il y auoit quelqu'vn, qui print la peine de l'enseigner: chose assez louable: comme aussi selon le prouerbe commun, ce n'est pas vne honte de ne rien sçauoir, mais de ne rien vouloir apprendre. Et pourtel est ce que j'entreprens cest œuure: ascauoir, pour satisfaire au desir de semblables amateurs de prouesse, & desireux de s'exercer en chose tant louable, qu'est la discipline militaire, ou science d'icelle: & de leur monstrer toutes les occurrences, qui le peuuent presenter, en batailles, escarmouches & aultres exploicts de guerre, auec instruction, comment estant preparez pour tous accidens, ils en facent tousiours leur profit, & s'y nettent a leur auantage, les accoustumens: selon le dire de ce gran Vegece, *Quæcunque in acie atque in prælis euenire possunt, omnia in campestri meditatione prænoscere.* C'est a dire, a preuoir toutes les choses qui peuuent suruenir en vne bataille, & si preparer par vne meditation champestre, ou s'exercer continuellement.

Chose certes non negligentée par ces nobles anciés Romains, en l'instruction de leur Ieunesse, les monstrant tous les coups que l'ennemy pouurroit presenter, & comment on les doibt decliner & gauchir; auec vne asseurance trescertaine; (*Scientiam rei bellicæ nutrire audaciam, & quod nemo facere metuat, quod bene se didicisse côfidit,*) que la science des choses militaires engendre & nourrit le courage, & que personne n'a peur de faire ce qu'il penses auoir bien apris.

Afin donques que le mesme soit prattiqué en nostre jeune Cheualerie, & qu'ayant premedité tout ce qui de leur ennemy leur pourroit aduenir, ils sachent aussi com-

ment ils doibuent obuier a tous accidens, a leur auantage,
j'ay voulu propoſer en ce petit traitté, ce qui eſtoit en vſage entre les vieulx Romains : les aduertiſſant qu'il y pre-
nét bon eſgard, & taſchént de les imiter. Ce que faiſans (je
n'ay doubte aulcune) il en receburont non ſeulement a-
uantage, mais auſſi courage, pour l'effectuer contre leur
ennemy.

Car perſonne me niera, la choſe eſtant trop com-
prouuée par l'experience, qu'vn nouueau ſoldat, qui n'a
iamais eſté en bataille ou eſcarmouche, combien que
courageux & fort, ne pourra, en la premiere meſlee ap-
prehende du danger, employer la moytié de ſes forces;
mais s'y eſtant trouué quelques deux ou trois fois, & a-
yant appris ou veu, comment on y va a la beſoigne, il y aura
non ſeulement le courage redoublé, mais auſſi la dexterité
& la prudence de voir & cognoiſtre les auantages. En
quoy ce preſent traitté luy ſera de grand profit, auquel je
propoſe toutes ces occurrences, eſperant que celuy qui y
prendra garde, & les imprimera bien en la memoyre, en
aura tel auancement, que combien il ne ſe feroit iamais
trouué en ſemblables ieux, ſi ne fauldra il, de faire tout
aultant, ou plus, qu'vn qui a la lourde & ſans telle inſtruction y auroit eſté ſouuent.

Pour donques amy Lecteur, ne t'entretenir plus longuement, je m'achemineray maintenát a ceſte tant neceſſaire, que de quelques vns deſiree inſtruction : monſtrant
& propoſant tous les principes, auſquels vn ieune cheualier ſe doibt exercer, deduiſant le tout en diuers chapitres, & le demonſtrant
par figures entaillees
en cuiure.

I CHA-

CHAPITRE
PREMIER.

POR afin que le lecteur soit asseuré que ce que je proposeray es chapitres suiuants, est de la discipline militaire des Romains, je luy en proposeray, deuant toutes choses le tesmoignage de Flaue Vegece, qui dit au Chap. 18. du premier liure : *Non tantum autem à tyronibus, sed etiam à stipendiariis militibus salitio equorum districtè, est semper exacta. Quem vsum vsque ad hanc ætatem, licet iam cum dissimulatione, peruenisse manifestum est. Equi lignei hyeme sub tecto, æstate ponebantur in campo: super hos iuniores primò inermes, dum consuetudine proficerent, demum armati cogebantur ascendere. Tantaque cura erat, vt non solum à dextris, sed etiã a sinistris partibus & insilire & desilire condiscerent, euaginatos etiam gladios, vel contos tenentes. Hoc enim continua meditatione faciebant, scilicet vt in tumultu prælii sine mora ascenderent, qui tã studiose exerceban-*

cebantur in pace. Ceſt a dire. Le ſaulter, ou monter ſubitement ſur le cheual, eſtoit non ſeulement
treſexactement requis des nouueaux ſoldats &
tyrons, mais auſſi de ceulx qui recebuoint leur
ſolde. Laquelle couſtume eſt paruenue, combien
qu'auec quelque diſſimulation, iuſques a nous.
En hyuer on auoit des cheuaulx de boys couuert,
mais en eſté, ils eſtoint propoſez en public, en
la campagne. Et la les tyrons s'exerçoint au monter, premierement ſans armes, iuſques a ce qu'ils
y fuſſent quelque peu habilitez par l'accouſtumá-
ce, & apres ils faiſont le meſme, armez. Ce qui
ſe faiſoit auec telle diligence, qu'on les fit monter & deſcendre, non ſeulement a dextre mais
auſſi a ſeneſtre, ayāt meſme leurs glaiues de-
guainez, ou leur iauelots en la main. Et en telle
maniere eſtoint ils exercez continuellement en
temps de paix, afin qu'au bruit & tumulte de la
meſlée, & du combat, ils n'y fuſſent nouueaux &
empeſchez, quand la neceſſité ſe preſenteroit.

De cecy voit on quels ont eſté les commen-
cemens de la Cauallerie Romaine, aſcauoir de
monter ſans armes ou armé, en haſte a cheual:
meſme ayant des armes diuers, tant en la main
dextre, qu'en la ſeneſtre. Ce qui t'eſt demonſtre
en la figure premiere, auec toutes ſes diuerſitez

distinguées par nombres, y adiouttant la decla-
ration de chalcun a part.

Cependant sois aduerty, qu'oultre l'exercice
de ta perſonne, & auſſi requis l'exercice & a dreſſe de
ton cheual, choſe de treſgrande importance, &
dont ſouuent depend ton honneur & reputation,
voyre ta vie, & celle du cheual. Car quel honneur
ou profit aura le cheualier d'vn cheual non dreſſé,
encor que de corſage & de ſtature & force il ſoit le
plus beau du monde ? & comment s'en ſauuera il
ou fera ſes exploits au beſoing, s'il n'eſt obeiſſant
a la bride, ains retif, ne ſe laiſſant gouuerner a dextre ou a ſeneſtre, au recul ou aultrement ? Tel eſt
plus propre a la charrue, combien qu'il y auroit
auſſi de la peine, qu'au combat. Mais d'aultant
qu'il y a des traittez de cecy a ſuffiſan-
ce, ie m'en deporteray icy,
renuoyant le Lecteur
a iceulx.

DE

Nº 1
Nº 4
Nº 7
Nº 10
Nº 12
Nº 2
Nº 5
Nº 8
Figura I
Cap. I
Nº 3
Nº 6
Nº 9
Nº 11
Nº 13

DECLARATION DE LA FIGVRE I.

Vm. 1. Le cheual de bois, en telle forme & haulteur, qu'il est requis soit pour la lance ou la corrasse.

2. Comment le cheualier s'exerce au monter ou saulter a senestre, tout armé, comme de coustume.

3. Comment en pleine corrasse il monte a dextre. Et pour faire cecy en la haste & proprtitude requise, il s'y fault exercer & accoustumer sur vn tel cheual de bois.

4. Comment de premier abord tu mettras le pied gauche, en l'estriuiere gauche.

5. Comment tu le lanceras du reste du corps sur le cheual, iusques a mettre le pied dextre en l'aultre estriuiere.

6. La moytié du lancement du pied droict.

7. Le reste de ce mouuemét du corps en la selle, & le pied droict en son estriuiere.

8. Comment tu monteras a sault par le costé

droiɛt. Lequel ſault combien qu'il n'eſt de
poſture ordinaire, ſi eſt-ce, que la neceſſité
s'en preſentant ſouuent, il fault que tu t'y
exerces auec aultant, voyre plus, de ſoing
que de l'aultre.

9. Comment, a deux mains armees, l'vne d'vn
piſtol & l'aultre de ton eſpee, tu monteras
haſtiuement ſur ton cheual.

10. Comment tu feras le Carracol deuers le coſté
dextre.

11. Comment tu feras le dit Carracol a ſeneſtre.

12. Comment tu reculleras de ton cheual en arriere.

13. Comment tu accouſtumeras ton cheual, qu'il
leue la poiɛtrine & ſe dreſſe en hault ſur les
pieds de derriere. Choſe neceſſaire es batailles & eſcharmouches.

CHAP.

CHAPITRE
SECOND.

EN ce chapitre, & par la seconde figure t'est demonstré comment tu feras
tourner ton cheual en toutes sortes
& manieres requises. Chose requise
pour l'amateur de la cheualerie,
pour pouuoir dextrement appliquer son cheual
a toutes occurrences, le tourner tantost de ça,
tantost de la, ou l'arrester court: comme les pic-
queurs non seulement les exercent & les dressent:
mais aussi t'est necessaire, souuët, pour sauuer ta vie
& celle de ton cheual. Car estant en guet ou sentinelle, proche de l'ennemy, comme souuent la
necessité le requiert, en sorte qu'il te puisse attaindre de son artillerie, je ne te côseille pas, de te
tenir coy, ains il te fault tousiours mouuoir ton
cheual tantost en pourmenant, tantost en ronde,
tantost en serpentine, ainsi qu'il t'est monstre es
nombres diuers, afin qu'il ne puisse prendre la mi-

re certaine contre toy, & que tu declines le danger, auquel tu te trouuerois te tenant ferme.

 Ioint que tu en as non seulement cest auantage en la sentinelle ditte, deuant ton ennemy,
mais aussi te viendra bien a propos en batailles,
escharmouches, courses & aultres telles occurrences, sachant tousiours tourner ton cheual a
ton auantage. Et aduient souuent, comme tu
peulx voir es figures suiuantes, qu'en semblables
tours tu te seruiras & de tes pistols,
& de toutes aultres armes
contre ton ennemy.

D E-

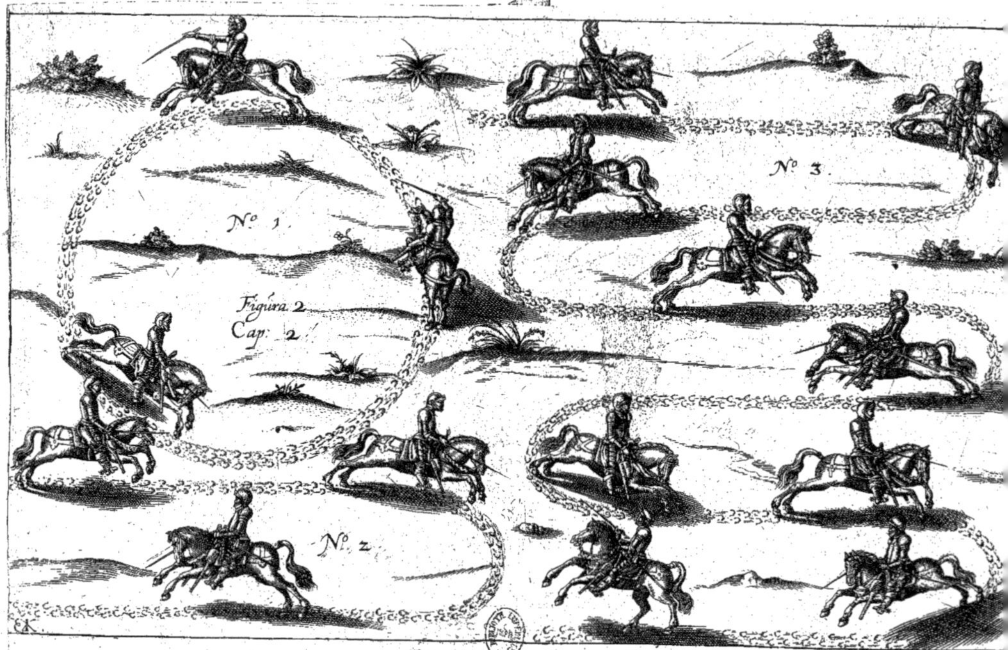

453.
N.º 3.
N.º 1
Figura 2
Cap: 2
N.º 2

DECLARATION
DE LA FIGVRE II.

NVM. 1. Comment tu feras gyrer ton
cheual, ou le dreſſes en vne ronde.
2. Comment tu dreſſeras ton cheual
en vne ronde ouale, en pleine carriere,
3. Comment en vne serpentine tu te tourneras
tout court.

K   CHA-

CHAPITRE
TROYSIESME.

E mefme Vegece dit auffi, que non feulement l'Infanterie, mais auffi la Cheualerie eftoint iournellement exercez, tãt de leurs perfones, que de leurs cheuaulx, en la forte fuiuante.

Præterea & vetus confuetudo permanfit, & Diui Augufti atque Hadriani conftitutionibus præcauetur, vt ter in menfe, tam equites quam pedites educantur ambulatum. Hoc enim verbo hoc exercitii genus nominãt. Decem millia paſſuum armati inftructique omnibus telis, pedites militari gradu ire & redire iubebantur in caſtra, ita vt etiam aliquam itineris partem curfu alacriore conficerent. Equites diuifi per turmas, armatique fimiliter tantum itineris peragebant: ita vt ad equeftrem meditationem interdũ fequerẽtur, interdũ cederent, & recurfu quodam impetum repararẽt. Non folũ in cãpis fed etiã in cliuofis & arduis locis, & afcendere, & defcendere vtraque acies cogebatur: vt nulla res, vel cafu prorfus pugnanti-

gnantibus posset accedere, quam nõ ante boni milites assi-
dua exercitatione didicissent. Cest a dire. D'auantage
la vielle coustume y est demeuré, selon qu'il estoit
ordonné par les côstitutions d'Auguste & d'Ha-
drian, que tant la Cheualerie que l'Infanterie est
produitte en pourmenade (car ainsi est-ce qu'ils
ont appellé ceste sorte d'exercice.) Il estoit com-
mandé a l'Infanterie de cheminer dix mille pas,
tout armez, & chargez tant de leurs dards que d'
aultres armatures, & retourner au camp, en telle
sorte qu'il parfissent quelque partie de ce chemin
d'vn gaillarde course. La Cheualerie diuisée ou
repartie en troupes & armée de toutes ses pieces,
faisoit le mesme chemin, en sorte que tantost, côme en vne meditation caualleresque, elle suiuoit
esgualement, tantost se reculoit pour reparer sa
course, comme par randon. Et cecy se faisoit non
seulement en campagnes vnies, mais aussi en lieux
montaigneuz & inegals : & estoint toutes les
deux armées contraintes de monter & descendre
de haste, afin qu'en bataille ne leur suruint chose
aulcune, en laquelle, comme bons soldats, ils ne
fussent par tel exercice dressez au parauant. Exercice bien vtile & necessaire, mais duquel a present
on ne se soulcie gueres. Car monstre moy, je te
prie, ou est-ce que pour le present on exerce les

armées, ou les ieunes ſoldats ſeulemét, en ceſtema-
niere ? Ou verras tu qu'en nos armées, la Cheual-
lerie iointe a l'Infanterie, facent quelque eſpreuue
de bataille, ou faulſe Allarme ? ou a monter & deſcendre par les montaignes & colines ? Ou s'exercer de monter enſemble par rels endroits, tantoſt au pas, tantoſt au galop, & tantoſt en carriere ? Choſe toutesfois de treſgrande importance.
Car tu n'es point aſſeure, d'auoir touſiours affaire
a ton ennemy en campagne plaine & raſe. Combien facilement, pourrois tu eſtre attaqué paſſant par vn lieu inegual ou meſme poulſé en iceluy, & force de combattre pour te defendre? comme on pourroit alleguar des exemples des combats, ſuruenus, voyre cerchez des plus prattiques
ſoldats en tels lieux ? Sans encor vne infinité des
aultres occaſions, qui ſe preſentent, & eſquelles
il y fault de la dexterité, qui s'acquiert par diligent exercice, ou ſans icelle on s'y trouueroit
engagé.

Ceſt pourquoy ſelon le bon exemple des Romains, ie te móſtre en ceſte troyſieſme figure cóment le bon Cauallier s'y doibt exercer, & ſoy &
ſon cheual, non ſeulement pour deſcendre &
monter, mais auſſi de ſaulter auec ſon cheual par
deſſus

deſſus hayes, foſſes, tonneaux, & barrieres. Et
eſt aſſez cognu, que maint bon Cheualier a par ce
moyen, ayant le cheual bon & bien dreſſee
ſauué la vie, paſſant par ſemblables
cloctures, & laiſſant les aultres
engagez au danger,

K 3　　DE

DECLARATION DE LA FIGVRE. III.

 Vm. 1. Comme tu exerceras ton cheual, montât & descendant au costé & declin d'vne montaigne, en carriere.

2. Comment tu feras le mesme droit contre & aual-mont.

3. Comment il fault dresser le cheual pour passer vne fosse: & cecy est le premier arrest du cheual qu'il fait pour franchir le sault.

4. Comment le cheual se lance oultre le fossé.

5. Comment tu feras saulter ton cheual par dessus vne barriere, haye ou aultre telle closture. De quoy tu vois icy le premier effort du cheual.

6. Icy tu vois le cheual passer vn tonneau, ayant le corps tout libre & lancé en l'air.

7. Comment le cheual passe la haye : & estant passé des pieds de deuant, parfait le sault du reste de son corps.

CHA-

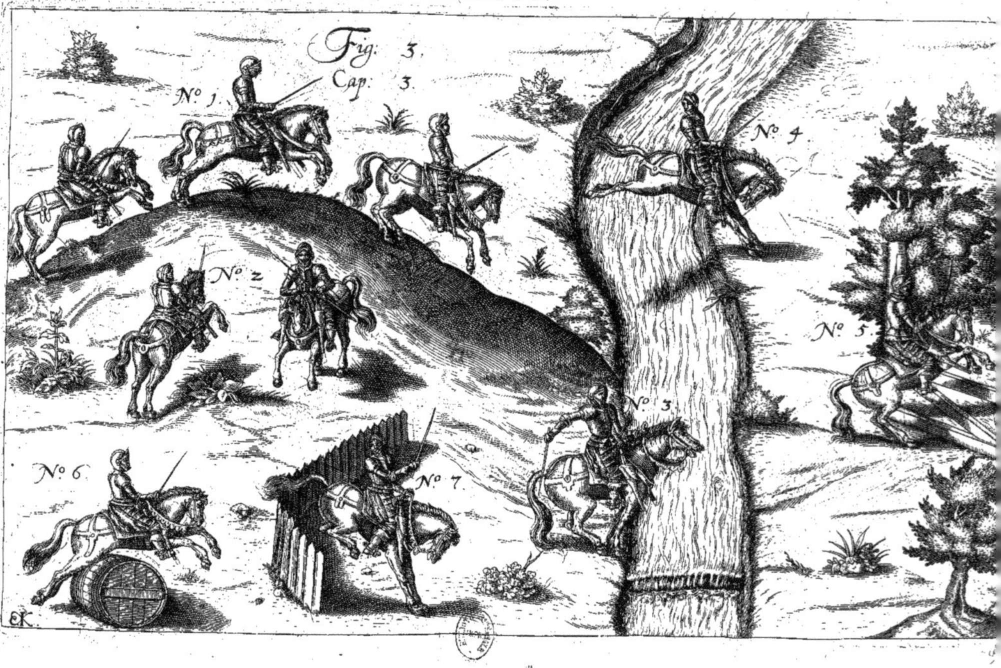
Fig: 3.
Cap: 3.
N° 1.
N° 2
N° 3
N° 4.
N° 5.
N° 6
N° 7.
EK.

462.

CHAPITRE
QVATRIESME.

V EGECE dit en oultre au Liure premier chap. 10. Qu' entre aultres exercices militaires, les Romains ont auſſi dreſſé leurs ſoldats au nage, auquel ils les exerçoint auec grande diligence, quand ils auoint la commodité libre de quelque fleuue. Et eſtans en Rome meſme, ils les conduiſoint en la place dite *Campus Martius*, qui eſtoit aſſez proche du Tibre, auquel ils les faiſoint nager tant les infants que les gens a cheual, & principalement ceulx cy eſtoint exercez, de le paſſer a cheual, tout armez. Choſe auſſi de grande vtilitè, en paſſages & lieux aqueux, comme elle ſe pourroit confermer par pluſieurs exemples. Dont auſſi je t' ay voulu monſtrer en la quatrieſme figure, comment c'eſt que tu y doibs exercer, & toy & ton cheual, auec aſſeurance
que

86

que tu ne t'en repentiras iamais. En ceste figure j'y
ay aussi adioutte quelques aultres poincts, a-
scauoir d'accoustumer le cheual espouuan-
té au tirer; de faire cheminer vn cheual retif, le faire passer par vn feu,
& par dessus vn pont
estroit.

DE.

No. 1
No. 2
No. 3
No. 4
Figu. 4
Cap. 4
No. 5
No. 6
No. 7

466.

DECLARATION
DE LA FIGVRE. IV.

VM. 1. Vn cheualier nageant a cheual, & leuant de ses mains son pistol & armes, afin qu'ils ne soyent mouillez.

2. Comment quittant les estriuieres il se tient à genouls sur son cheual, & esleue ses armes.

3. Comment s'il sent le cheual trop foible, il l'empoigne de sa dextre par la queüe, & tenant la bride en sa senestre, il passe ainsi le fleuue.

4. Si tu as vn cheual espouuante & qui ne peult endurer le tirer, l'ayant attache a vn paul, l'enuironeras de six ou huict personnes qui ayant chargez leur pistols de pouldre seule, donneront le feu contre luy. Maniere tres-facile pour l'y accoustumer.

5. Si tu as vn cheual retif, qui ne se veult bouger de sa place, ou se couche quand tu veulx monter dessus, tu attacheras vne fusée a la

felle, & quand il commence a ſe retenir, tu
la feras allumer par vn aultre, ie t'aſſeure
qu'il oubliera bien toſt ſa malice.

6. Tu accouſtumeras auſſi ton cheual a paſſer
par le feu, afin qu'il ne s'eſpouuante de la
flamme de l'arquebus au tirer.

7. Comment accouſtumeras ton cheual a marcher par vn chemin ou pont eſtroict, choſe
vtile tant en temps de guerre, que de paix
pour les paſſagers.

CHAP.

CHAPITRE
CINQVIESME.

ES chapitres precedens, je t'ay monstré comment tu dresseras & exerceras ton cheual: maintenant tu verras
aussi ce qui est requis pour ta personne. Et premierement quant a la lan-
ce: Commét tu la presenteras d'embas, d'enhault,
& droitte, qui sont les trois mouuements de la
lances, que tu vois en la figure suiuante.

L 2 DE-

DECLARATION DE LA FIGVRE. V.

VM. 1. Eft le premier mouuemēt de la lance, vſité quand on court la bague, ou quand au combat on la preſente vers les geulx, ou la viſiere de l'ennemy. Et ceſt appelle le mouuement d'embas, d'aultant que la lance eſt preſentée d'embas en hault.

2. Comment de ce dit mouuement on cerche la viſiere de l'ennemy ou le col d'iceluy.

3. Comment la lance ſe gouuerne pour emporter la bague au mouuement droit & roide.

4. Comment au cōbat, les parties toutes deux ſe prēnent par ce meſme mouuement droit a lances ſeneſtres, par le millieu. Deſquels l'vn briſe ou rompt ſa lance l'ayant preſentée droittement a la poictrine de ſon aduerſaire: mais l'aultre voyant qu'il n'a rien ſur l'homme trop bien armé, preſente par meſme mouuement ſa lance par deſſus l'aureille
ſene-

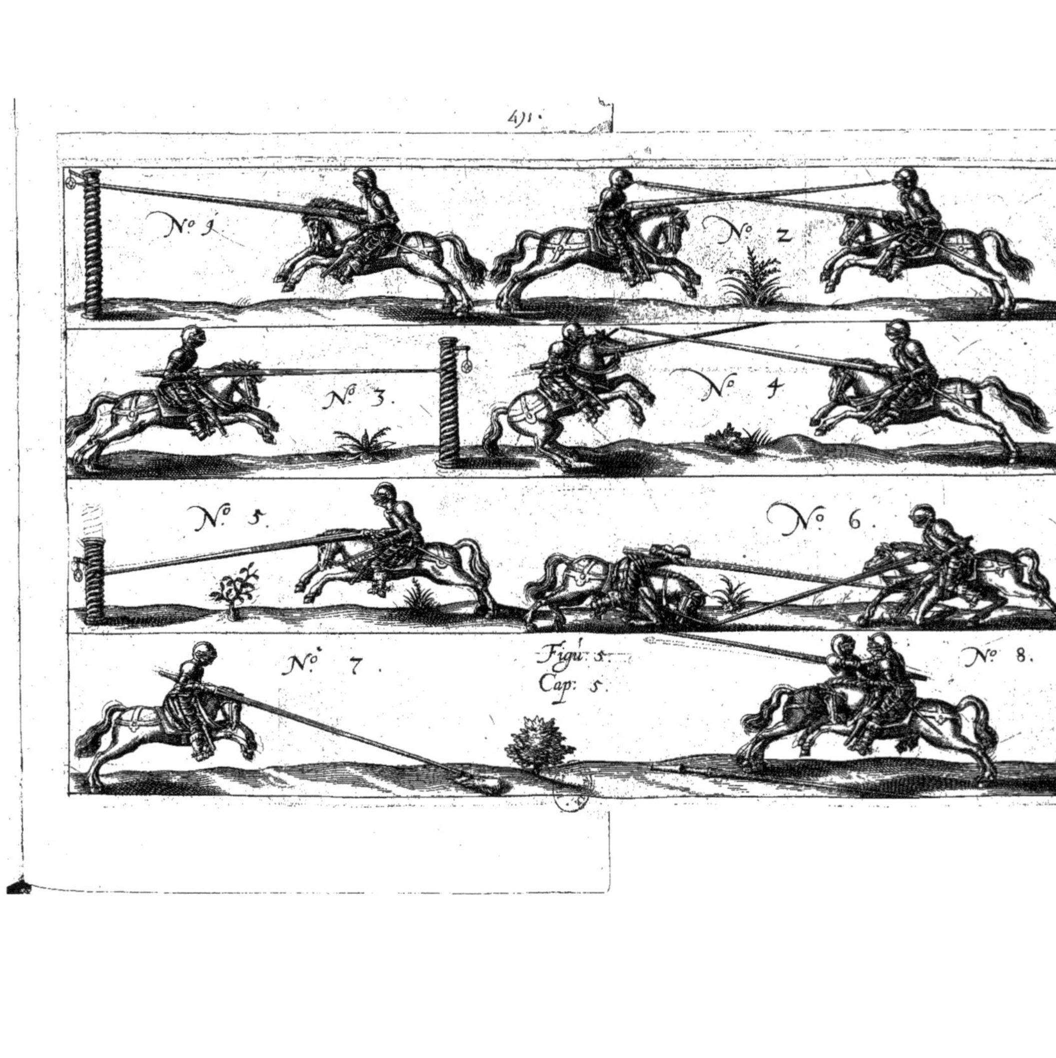
No 1.
No 2.
No 3.
No 4.
No 5.
No 6.
No 7.
No 8.
Figu: 5.
Cap: 5.

feneſtre de ſõ cheual en la teſte du cheual de
ſon ennemy, en ſorte que la lance y demeure
fichee, & le cheual ſe renuerſe.

5. Le mouuement d'enhault, comment il eſt ap-
pliqué a la courſe de la baugue.

6. Comment les parties n'ayant rien l'vn ſur
l'aultre, ſe prennent par le mouuement d'enhault a l'ances feneſtres aux cheuaulx.

7. Comment tu t'accouſtumeras & exerceras a
leuer vn guand de la terre par ta lance en
pleine carriere.

8. Comment ayant rompu ta lance en la rencõ-
tre ſur ton ennemy, tu quitteras le tronc
d'icelle, & en paſſant prendras l'ennemy par
le coll, pour l'arracher de ſon cheual.

L 3   CHA

CHAPITRE
SIXIESME.

EN ce chapitre t'est môstré, la prattique, de ce qui a este dit au chapitre second afcauoir, de lancer ton cheual en ferpentine de tous coftez. Chofe ou exercice qui te viendra bien a propos es occurrences fuiuantes.

Num. 1. Deux lanciers qui s'eftant rencontrez a toute force, ont rompu leurs lances, & fe paffent des coftez l'vn de l'aultre, tournent ou lancent leurs cheuaulx comme en vn rond & cercle, comme tu vois.

Num. 2. Se tournant a dextre, & l'aultre a feneftre, empoignent leurs piftols: & voyants qu'il n'y a moyen fur les armures d'efpreuue, paffent pour la feconde fois en carriere, tournans leur cheuaulx, l'vn a dextre, & l'aultre a feneftre.

Num. 3. Empoignent les aultres piftols qui reftoint, & ne pouuans endommager les perfonnes,

435
No. 1
Figu: 6.
Cap: 6
No. 5
No. 2
No. 6
No. 3
No. 7
No. 4
No. 8

4)6.

ſonnes, les mettét ſur les poictrines des cheuaulx , & leur donnent le feu. Mais ayant
derechef failly, ils paſſent pour la troiſieſme
fois.

Num. 4. En paſſant ils ſe battent des dits piſtols:
& iceulx rompus ils retournent pour la quatrieſme fois.

Num. 5. Mettent la main a l'eſpee , cerchans des
poinctes les viſieres l'vn de l'aultre pour ſe
bleſſer en face. Ce qu'auſſi ſe fait en pleine
carriere. Mais n'y pouuans auſſi venir a bout
ſe tournent derechef.

Num. 6. Taſchent de bleſſer les cheuaulx. Mais
eſtans auſſi empeſchez en ceſte pretenſion,
ils retournent pour la ſeptieſme fois.

Num. 7. l'vn veult dóner vn coup de taille, & l'aultre entre les cuiſſieres & iambiers cerche
quelque ouuerture , pour y faire paſſer ſa
poincte. Mais n'ayant auſſi le ſuccéſ deſi-
ré, ils retournent pour la huictieſme fois.

Num. 8. leur eſpees auſſi quittees, paſſans en pleine carriere ils s'embraſſent l'vn l'aultre par
le millieu, chaſcun pour arracher ſon aduerſaire de la ſelle.

C H A-

CHAPITRE SEPTIESME.

I E t'ay monstré au chapitre precedēt, comment les lanciers ayant rompu leurs lances mettent en œuure les pistols. Chose qui se fait aussi des Corrassiers, compris au mesme chapitre. Icy je te monstreray comment les arquebusiers se rencontrent l'vn l'aultre, afin de te donner aussi quelque intelligence de leurs principes.

DE-

1
2
3
4
10
9
8
7
N 12
Fig.
Cap.
11

480.

DECLARATION
DE LA FIGVRE VII.

N VM. 1. Eſt le bandelier ou arque-
buſier & ſa poſture ayant le po-
ing au coſté.

2. Comment il met la main ou
empoigne ſon arquebus pendant de ſon col.

3. Comment il la prend a deux mains, monte le
fuſil ou dragon, & ſe prepare au tirer.

4. Comment il prend viſée, & donne feu en
carriere.

5. Comment apres le coup donné, il ſe prepare
derechef, a charger ſon arquebus.

6. Comment il donnera feu a dextre en carriere.

7. Comment il fera le meſme, a ſeneſtre.

8. Comment il tirera tout droit, auſſi en carriere.

9. Comment en la fuitte, ou eſtant pourſuiui de
l'ennemy il tirera par derriere.

10. Eſt ſa poſture quãd il recognoit ſon ennemy,
pour le rencontrer.

11.	Deux arquebusiers donnans le feu l'vn con-
	tre l'aultre en carriere : & ayant failli empo-
	ignent les pistols,
12.	Les Presentant contre les testes des cheuaulx,
	lesquels tous deux blessez tombent morts.

										CHA

N.º 1
N.º 2
Figu: 8
Cap: 8
N.º 4
N.º 3
N.º 5
N.º 6
N.º
E. Kiefer f.

CHAPITRE HVICTIESME

E P E R I E N C E iournailliere tefmo-
igne affez que l'aftuce & dexterité furpaffe fouuent la force. De
quoy, fi nous voulions recercher
les exemples anciens nous en
trouuerions auffi mefme en l'Efcripture Sain-
te. Car ne voyons nous pas commét vn petit &
ieune Dauid, abbat vn grand geant qui faifoit
trembler tout le camp Ifraelitique, d'vne petite piere?

Ce terrible geant, oultre fa force trefgran-
de, eftoit auffi arme de toutes pieces des la te-
fte iufques aux pieds, auec vne lance bien
groffe & forte en fa main: mais ce ieune garçon,
n'auoit pour toute armure qu'vne houlette ou
batton de berger en fa main, & vne beface a fon
col. (eftoit bien vn party, & armature inefgua-
le: mais quand moins on y penfe voyla ce fort

geant, bon guerrier & bien armé qui tombe ré-
nuerſé par la dexterité de celuy qu'il eſtimoit
comme vn enfant. Mais, me dira vn, cecy n'eſt
fait ni de ruſe ou dexterite, ains vn miracle
de Dieu, qui par ce moyen a voulu ſecourir ſon
peuple, de ſorte que ce n'a eſte la dexterité de
Dauid, mais la Prouidence Diuine qui a dirigé
& gouuerné la pierre, pour en attirrer ce monſtre. A quoy je reſpons, qu'il eſt bien vray,
que c'eſt l'œuure de ce grand Dieu des armees,
mais qui auſſi s'eſt voulu ſeruir de ceſt enfant,
luy donnant la courrage requis, cependant
quant a Dauid c'eſt vne choſe aſſeuree, qui a-
pres le ſecours qu'il attendoit de Dieu, il s'eſt
auſſi fie ſur ſa fode & dexterité en l'vſage d'icelle, comme celuy qui auſſi bien, que des aultres,
qui ſe trouuoint entre les Iſraelites de ſon téps,
en touſchoit vn poil en l'air ſans faillir. Et
pour te demonſtrer cecy par aultres exemples
tirez des hiſtoires tant ſacrees que profanes,
il y fauldroit plus de papier que ie pretés d'employer a ceſte fois, eſtant aſſeuré qu'il n'y a
perſonne qui y contredira. Cependant je n'ay
voulu obmettre de te monſter pluſieurs occurrences eſquelles te auanceras plus par dexterité & fineſſe, que per grande force.

Num.

Num. 1. Comment le cheual estant demeure sur la place, il fault en haste empoigner les pistols, se defendant de l'vn & tenant l'aultre prest, pour vne seconde defence.

2. Comment les pistols deschargez l'vn empoigne l'aultre en la bandeliere, pour l'arracher du cheual.

3. Comment ils s'empoignent de la main droitte par la gorge, & d'vn choc le reuerse du cheual. Et cecy aussi bien que le precedent ne se fait pas tant par force, que par dexterité & agilité.

4. Comment en passant ils s'attacquent par derriere de leurs espees.

5. Les cheuaulx abbattus, ils se chamaillent a pied de leurs espees.

6. Comment a luitter se iettent l'vn l'aultre a terre.

7. L'abbattu en dager d'estre occis, crie mercy.

CHAPITRE NEVFIESME.

E l v y qui a quelque cognoiſſance de la milice, ſcait bien que
le pieton ou infant & le cheuallier ſont deux ennemis bié
diuers & inegals ſe récontrans
en vne campagne en laquelle
il n’y nul auátage ne pour l’vn ne pour l’aultre.
Car le cheualier vault le double de l’infant.
Et en pourroit on alleguer des exéples eſquels
on a trouué que le cheualier nó ſeulement faiſoit le double, mais auſſi ſix fois aultant & dauantage, que le pieton, en campagne large &
ouuerte. Toutesfois auec quelque difference
laquelle il fault bien entendre. Car quand l’infanterie n’á aulcun auantage, & eſt contraint
de ſe preualoir ſeulement de ſes forces, ſe trouuant ſeulement en lieu commode, elle ſe ſert
bien vtilement des picques. Et a la verité allors,

vne

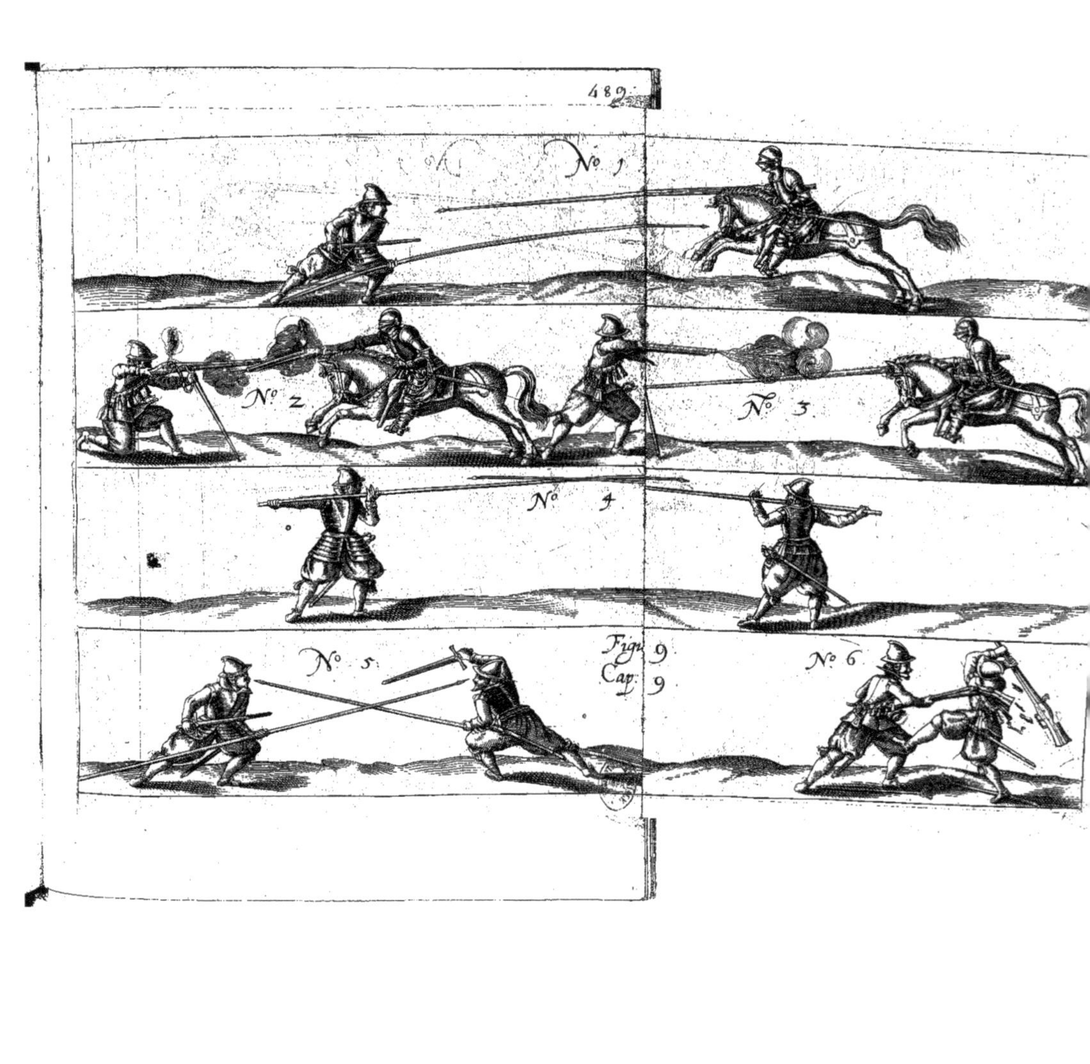

Nº 1
Nº 2
Nº 3
Nº 4
Nº 5
Nº 6
Figu: 9
Cap: 9

490

vne picque fera aultant que deux ou trois cheualiers fi les efquadrons fon,bien ferrez & ren-
forcés en forte, que pour deux tiers d'icelles il y
ayt vn tiers de mufquet : & en telle rencontre
certes les infants attaquez d'efguale quantite
de Cheualerie auroint le meilleur party. Toutesfois felon que la bataille feroit ordonnée.

C'eft pourquoy en la figure neufiefme j'ay
voulu monftrer comment en telle occurrence
tant le picquier que le mufquetier prefenterôt
leurs armes, Afcauoir

Num. 1. Comment le picquier affermit le bout
de fa picque foubs le pied d'extre, & prefente la poincte droictement contre la poictrine du cheual qui la vient charger, ayant l'e-
fpee en la main.

2. Comment le mufquetier agenouillé fur le ge-
nouil dextre, tire au cheual qui luy court
fus.

3. Comment le mufquetier fe tenant droit attend le cheuallier, & voyant l'occafion donne feu , & apres fe retire a cofté de fa placc,
pour laiffer paffer le cheuallier.

4. Comment deux picquiers cerchent de s'entre-
gratter les coftez.

5. Deux picquiers ayant enpoigné leur picques

par le millieu en la main gauche se chameil-
lent de leur espees.

6. Deux musquetiers qui ayants déchargé leurs
musquets s'entre gratignent d'icelles, l'vn
rompant la siene sur le corps de l'aultre.

CHA-

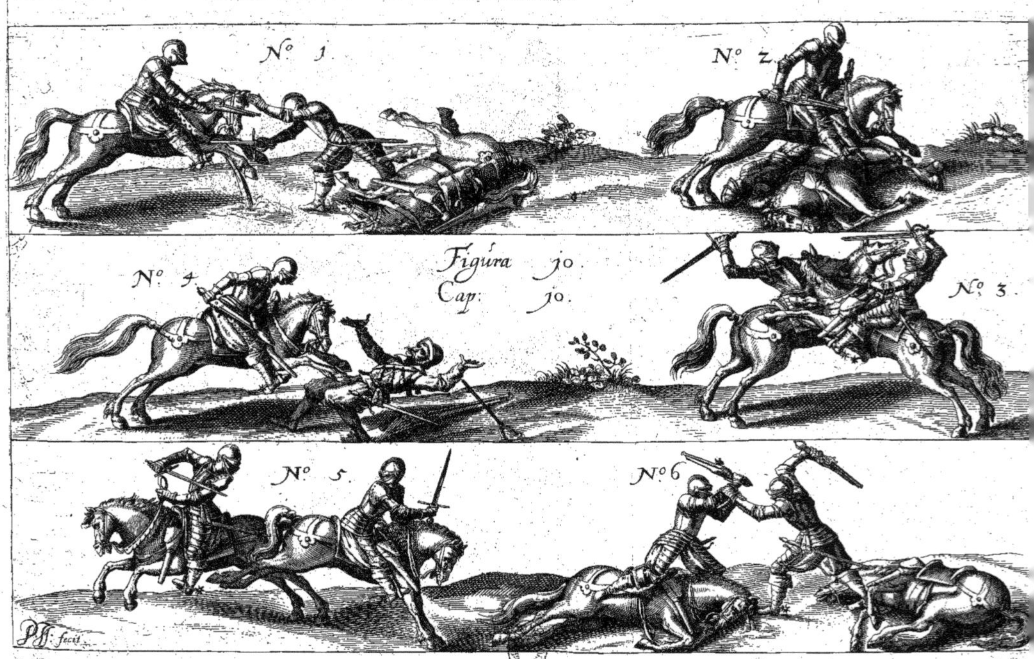

493
N.º 1
N.º 2
N.º 4
Figura 10.
Cap: 10.
N.º 3
N.º 5
N.º 6
P.H. fecit

494

CHAPITRE DIXIESME.

E bon & expert cheualier sçait bien, de quelle importance et le cheual bien dressé vne en meslee. Dont quát a ce point, j'ay monstré par cy deuant, cóment le bon cheualier en fera son debuoir & profit. Mais cela ne concernant que la personne de l'homme: & y a encor vn aultre poinct, (certes aussi de bien grande importance) a remarquer: ascauoir comment le cheualier offensera l'ennemy non seulement de sa personne, mais accoustumera aussi son cheual d'y faire vne bonne partie. Chose bien remarquee de quelques preux cheualiers qui ont accoustumé leurs cheuaulx d'y faire aussi leur debuoir, en mordant, frappant & forçant l'ennemy & l'endommageant, en aultres diuerses sortes. Comme aussi les histoires en font mention de quelques peuples, qui ont nourri leurs

cheuaulx de chair humaine, & les ont produit,
affamez en bataille, afin qu'ils fussent tant
plus cruels & acharnez en icelle.   En quoy
vn cheual a souuent fait, plus que dix hommes
auec toute leur armature. C'est pour quoy
aussi le bon cheualier prendra bonne garde sur semblables poincts. Car on voyt souuent, qu'il y a tel cheual, qui voyant vn cheual ou homme mort deuant soy, ne veult
passer oultre: & tel comme il peult sauuer la vie
a son maistre, ainsi le met il aussi souuent en
danger d'icelle.   A tels inconueniens le bon
cheualier adiouttera les remedes necessaires,
dressant tellement son cheual, qu'il s'en puisse
seruir en toutes telles occurrences sans danger.
Or comment cecy se fait, est monstre en la figure suiuante.

Num. 1. Comment ayant perdu son cheual, en
quitte la selle, & de l'espee en tasche aussi de
faire tomber le cheual de l'ennemy.

2.   Comment celuy qui a perdu son cheual est
foulé de son aduersaire.

3.   Comment on auance son cheual a mordre
celuy de son aduersaire, & le lance sur le corps
d'iceluy, des pieds de deuant.

4. Com-

4. Comme le cheualier foule vn musquetier
atterré.

5. Comment ils s'attaquent des espees: Et l'vn
tourne son cheual, le faisant frapper au costé d'iceluy pour le tenir de loing.

6. Comment les cheuaulx abbatus, ils se grat-
tent la teste des pistols.

N 2   CHA-

CHAPITRE
ONZIESME.

S chapitres & figures precedentes,
le soldat a peu veoyr, comment il
doibt recognoistre sõ ennemy de
loing & attendre en quelle part il
le peult endommager. Mainte-
nant je luy monstreray, comment l'ayant attaqué ou de la lance ou du pistol, sans luy faire
mal, il se doibt auiser, de luy iouer vn tour de
dexterité, en passant, & y recompenser la faulte suruenue au parauant. Chose qu'il verra es
diuers nombres de la figure suiuante, qui est
l'onzielme.

Num. 1. Deux aduersaires qui ayant rompu leurs
lances ou pistols, sans effect, en la rencontre,
en passant de l'aultre pistol, deuant de tourner le cheual, comme tu as veu dessus, ils tien-
nent la dit pistol contre la dossiere de l'aduersaire,

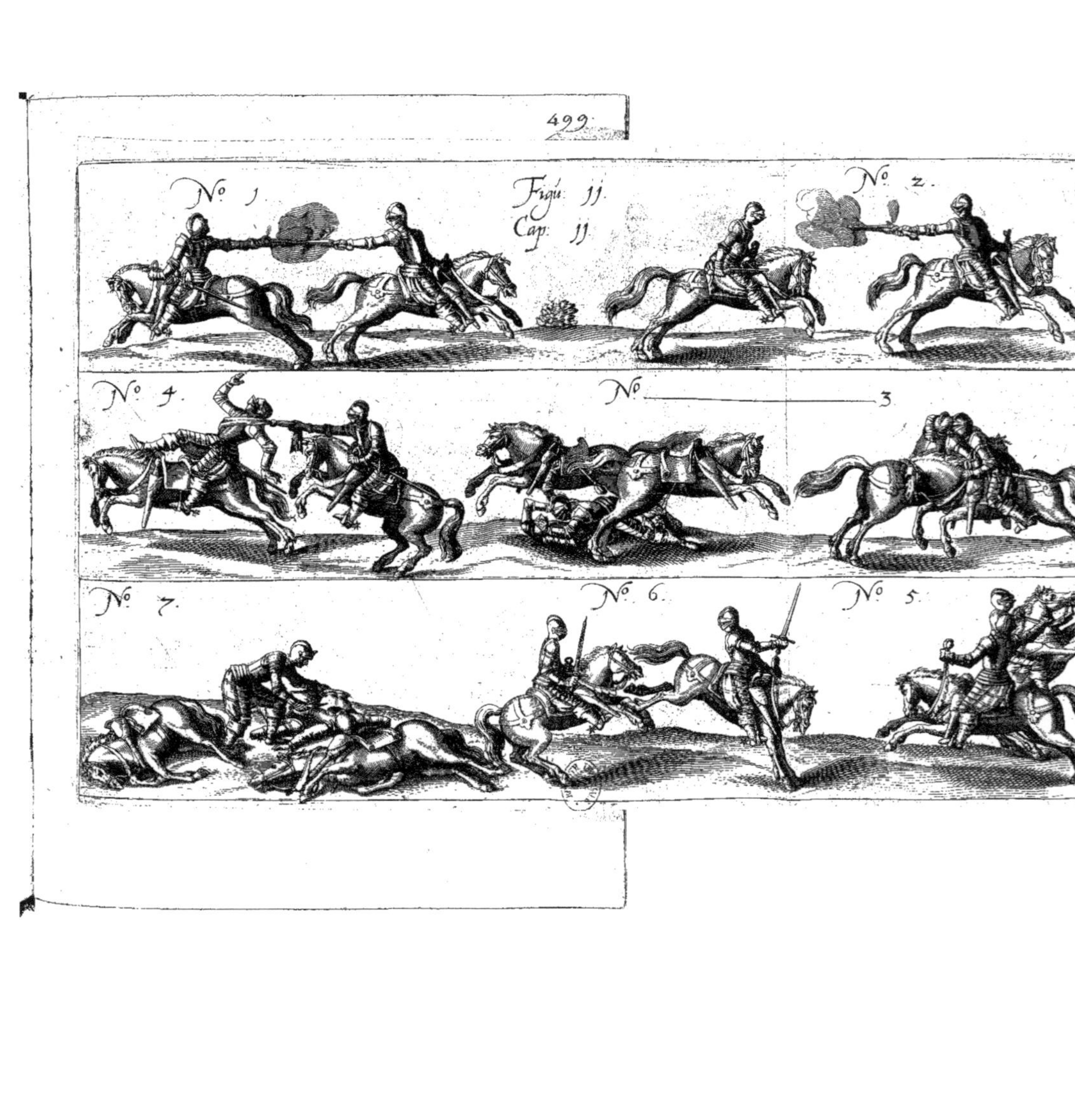
Nº 1
Figu. 11
Cap: 11
Nº 2
Nº 4
Nº 3
Nº 7
Nº 6
Nº 5

500.

faire, qui ordinairement est plus foible que le pectoral : & pour cest effect ils tournent & la face & le corps, le cheual demeurant en sa cariere, en arriere vers le dos de l'ennemy.

2. Vne poursuite. En laquelle le dernier taschant d'attrapper celuy qui va deuant, cestuy cy se tournant en arriere donne le feu a son pistol, contre son persecuteur, le cheual demeurant, en mesme carriere.

3. Deux, qui en plaine carriere s'embrassent par le millieu ou par le col, pour arracher l'vn l'aultre du cheual. Lesquels se tenants fermes & leurs cheuaulx en carriere, sont tous deux contraints de quitter la selle.

4. Vne aultre poursuitte, en laquelle le dernier attrappe le premier par la bandeliere, ou par son escharpe, & le tirant par derriere, le fait vuider sa selle.

5. Se rencontrans en carriere, l'vn empoigne la bride de son ennemy, & en fait leuer le cheual iusques a se renuerser.

6. Encor vne poursuite en laquelle celuy de deuant a tellement accoustume son cheual, que sentant le poursuiuant si pres qu'il le puisse attaindre, le frappe par derriere, en sorte

qu'il le fait tenir si loing de son maistre, qu'il
ne le peult touscher au corps.

7. Comment l'vn ayant vaincu son ennemy,
couppe les courrayes de son harnois, & luy
cerche les essus.

C H A-

Figu: 12.
Cap: 12.
No 1
No 2
No 3
No 4
No 5
No 6
No 7
No 8
No 9

CHAPITRE
DOVZIESME.

TV as veu iusques a maintenant quels
sont les tours qu'on ioüe a cheual. Il fault que je te monstre aussi
quelques passetemps des pietons
ou infants, & principalement
comment ils se iouent de leurs musquets. Et
si on me vouldroit dire, que le musquet, ne la
picque, est de l'armure de Cheualerie, de laquelle je pretendois de parler principalement:
voyre que les cheualiers le prendroint comme
a mespris de les mesler entre les musquetiers &
picquiers &c. Ie luy respons, que le musquet
& la picque sont des armatures aussi nobles, si
vtiles & necessaires, que celles de la Cheualerie, y alleguant pour confirmation de mon
dire les raisons suiuantes.

Premierement, que l'armature par laquelle
on peult monter a grandes charges & dignitez

& offices, comme, on en faiſoit entre les Romains, non ſeulement les principaulx officiers,
ains on les honnoroit auſſi s'ils s'y comporto-
int vaillament des dignitez de nobleſſe de
Contes Ducs & aultres, n'eſt aulcunement a
meſpriſer, mais pluſtoſt a eſtimer grandemēt,
tant pour l'anciéneté que pour les effects qu'elle produit.

Secondement que meſme entre les anciens
elle a eſté en grande eſtime, & n'y a eu bataille
deuant pluſieurs annees comme non ſeulemēt
les hiſtoires profanes, mais auſſi les ſacrees,
nous en rendent teſmoignage en laquelle elle
n'a eſté miſe en œuure, meſme entre les plus
braues & plus nobles nations. Et combien
qu'on pourroit repliquer, que de la lance &
Cheualerie, il y a auſſi des exemples anciens de
grandes proueſſes: ſi fault il ſcauoir, que l'armature de l'Infanterie eſt plus ancienne, &
prattique en toutes batailles, meſmes des le
commencement du monde. Ce qui ſe peult
monſtrer par pluſieurs exemples, leſquels je
reſerue pour vne aultre opportunité. Et eſt
vne choſe aſſeurée qu'encor pour le preſent
es guerres du Pais-Bas, la Nobleſſe Françoiſe,
pour la pluſpart, s'applicque au muſquet & s'en

ſert

fert tres-volontiers. Dont j'ay aussi adiousté
ceste figure aux precedentes.

Num. 1.　Comment ils se rencontrent du musquet.

2.　Le musquet dechargé, ils mettent la main a
l'espee.

3.　L'vn se defend de son musquet, l'aultre de son
espee.

4.　Comment ils s'entresaluent de leurs mo-
rions ou halmets.

5.　Comment ils s'estrillent des fourchettes.

6.　Comment ils se lauent la teste du bandelier.

7.　Comment s'embrassans par le milieu, ils luit-
tét pour ietter chascun son ennemy a terre.

8.　Couchez a terre ils se defendent des pierres.

9.　L'ennemy surmonté & occis, comment des-
pouille & le butin emporté.

O

CHA-

CHAPITRE
TREZIESME.

OMME es chapitres & figures tu
as veu en particulier, comment
le soldat doibt besoigner en toutes occurrences, se trouuāt homme pour hóme : ainsi t'ay-ie aussi
voulu monstrer en ceste treziesme figure vne generalité, en laquelle le lecteur,
qui n'a iamais dancé en telles nopces, voye com-
ment c'est qu'vn s'y met a la besoigne. Plaisir certes qui n'a son semblable au monde:& n'y a chose plus ioyeuse ou allegre a que de se veoir maistre de son ennemy : sinon que le maniement
mesme des mains & des armes,& les cóptes qu'on
en peult faire apres á beaucoup plus grand conté-
tement. Et de fait tout va fort bien quand vn en
fait les comptes, commenton s'y est brauement
cóporté, combien on en a atterré &c. Car il y en a
plusieurs milliers qui n'en scauent rien dire,pour-
ce que s'estant valeureusement defendu,ils y de-

meurent

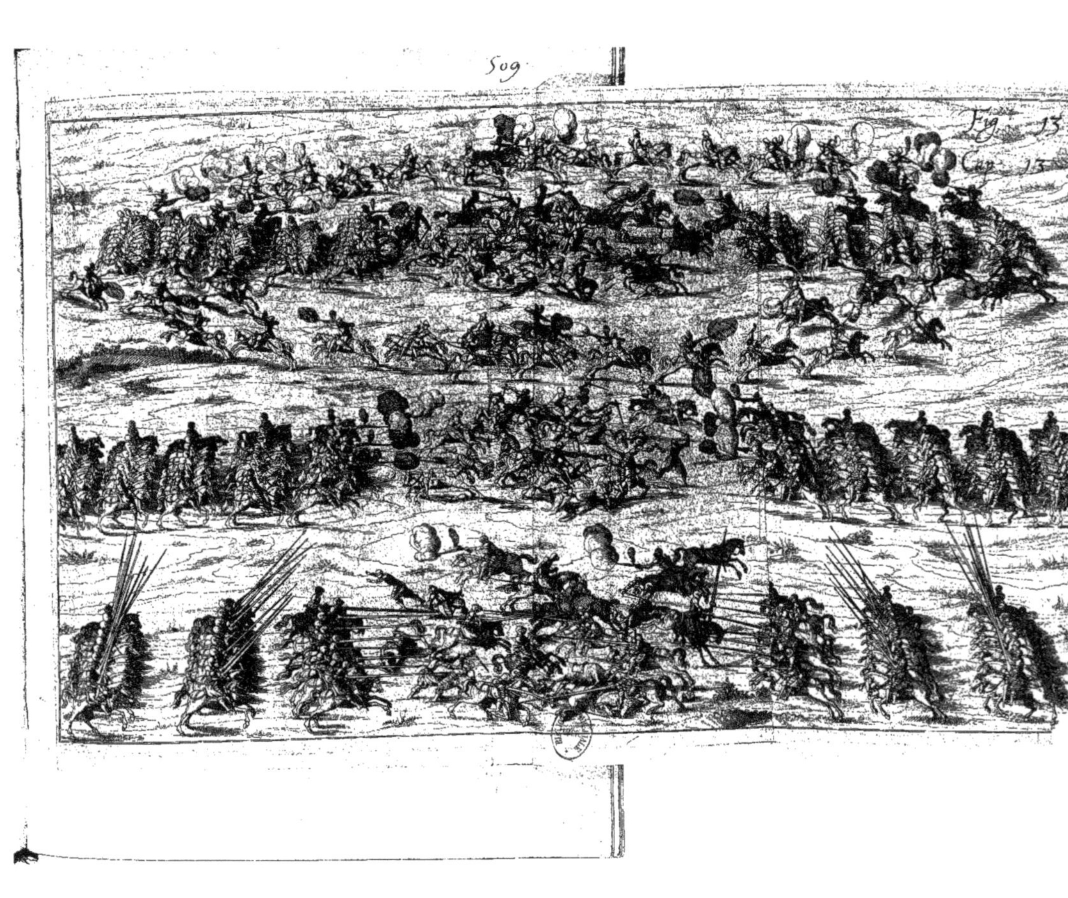
Fig. 13
Cap. 13

meurent finalement en la place occis par le nouueau ennemy suruenant : de sorte que celuy qui
eschappé de quelque grande bataille, a le loisir de
raccōpter ses prouesses se dit a bon droit heureux.

Ainsi amy lecteur & amateur de la Cheualerie,
& desireux de t'exercer en icelle, tu prendras
de bonne part ce petit mien labeur, & tascheras de
le bien remarquer & mieulx prattiquer. Quant a
moy je n'ay point de doubte, que les bons esprits
& ames, vrayement heroiques & Cheualieres, y
trouueront addresse & contentement : Lequel
voyant, moyennant l'ayde de Dieu, je tascheray
d'augmenter.

Laus Deo Trino & vni.

Imprimé a Francfort, par Paul Iaques, aux fraiz de Lucas Iennis.

L'AN. cIɔ, Iɔc, XVI.

Milton Keynes UK
Ingram Content Group UK Ltd.
UKHW021955040923
428043UK00008B/1031